Ewald Helml

Kündigungen im Arbeitsrecht – Grundlagen und Hinweise

Fragen und Antworten

Mit Online-Quiz unter
www.bund-verlag.de/faq-quiz

Ewald Helml

Kündigungen im Arbeitsrecht – Grundlagen und Hinweise

Kündigungsgründe
Gesetzliche Regelungen
Mitbestimmung für Betriebs- und Personalräte

BUND
VERLAG

Im Interesse einer besseren Lesbarkeit wird davon abgesehen, bei Fehlen einer geschlechtsneutralen Formulierung sowohl die männliche als auch weitere Formen aufzuführen. Die gewählten Formulierungen gelten deshalb uneingeschränkt für die weiteren Geschlechter.

Bibliografische Informationen der Deutschen Nationalbibliothek
Die Deutsche Nationalbibliothek verzeichnet diese Publikation in der Deutschen Nationalbibliografie; detaillierte bibliografische Daten sind im Internet über *http://dnb.d-nb.de* abrufbar.

Umschlag: fsvk designbüro für visuelle kommunikation, Großostheim
Satz: Dörlemann Satz, Lemförde
Druck: Druckerei C.H. Beck, Bergerstraße 3, 86720 Nördlingen

ISBN: 978-3-7663-7584-1

kontakt@bund-verlag.de
www.bund-verlag.de

Inhaltsverzeichnis

Abkürzungsverzeichnis

Abs.	Absatz
ArbGG	Arbeitsgerichtsgesetz
BEEG	Bundeselterngeld- und Elternzeitgesetz
BetrVG	Betriebsverfassungsgesetz
BDSG	Bundesdatenschutzgesetz
BGB	Bürgerliches Gesetzbuch
BPersVG	Bundespersonalvertretungsgesetz
GmbH	Gesellschaft mit beschränkter Haftung
InsO	Insolvenzordnung
JAV	Jugend- und Auszubildendenvertretung
KSchG	Kündigungsschutzgesetz
MuSchG	Mutterschutzgesetz
PflegezeitG	Pflegezeitgesetz
S.	Satz
SGB IX	Sozialgesetzbuch Teil IX Rehabilitation und Schwerbehinderung
TV-L	Tarifvertrag für den öffentlichen Dienst der Länder
TVöD	Tarifvertrag für den öffentlichen Dienst

Einleitung

Mit dieser Darstellung des Kündigungsrechts sollen knapp und übersichtlich alle wichtigen Fragen der Materie für die Umsetzung in der Praxis erläutert werden, damit im Konfliktfall rechtssicher gegenüber dem Arbeitgeber argumentiert werden und eine größere Auseinandersetzung nach Möglichkeit vermieden werden kann. Zunächst werden die Grundlagen des Kündigungsrechts und die damit in Zusammenhang stehenden Begriffe erläutert, sodann kommen die wichtigsten Bereiche der Kündigungsformen zur Darstellung. Bei den einzelnen Arten der ordentlichen Kündigung sind die betriebsbedingte, die verhaltensbedingte und die personen-/krankheitsbedingte Kündigung in systematischer Hinsicht dargelegt, damit zuverlässig beurteilt werden kann, ob eine vom Arbeitgeber ausgesprochene Kündigung rechtswirksam ist oder nicht. Dem Arbeitnehmer wird also eine Einschätzung ermöglicht, in welchen Situationen die Kündigungsschutzklage sinnvoll erscheint oder davon eher abzuraten sein wird. Diese Frage ist insbesondere auch aus Kostengründen von Interesse. Ohne Rechtsschutz kann für den Arbeitnehmer hinsichtlich der ggf. veranlassten Vertretungskosten von Rechtsanwälten der Rechtsstreit durchaus kostenintensiv werden. Im Bereich der außerordentlichen Kündigung werden die maßgeblichen Punkte dargelegt, wann ein schwerwiegender Grund hierfür vorliegen kann. Auch auf die Formalien der Kündigung wird erläuternd eingegangen, von der Schriftform der Erklärung bis hin zur sachgerechten Durchführung der Zustellung der Kündigung. In diesen Fällen ist insbesondere auf eine rechtssichere Erklärung zu achten. Dargestellt wird auch der Sonderkündigungsschutz von bestimmten Personengruppen und die Beteilung des Arbeitnehmervertretungsorgans (soweit gewählt und im Betrieb oder der Dienststelle vorhanden) beim Ausspruch einer arbeitgeberseitigen Kündigung. Der bei Schwangeren und Schwer-

behinderten zu beachtende Sonderkündigungsschutz ist hinsichtlich der wesentlichen Fragen aufgeführt. Die Darstellung wird abgeschlossen von einer Erläuterung der verschiedenen Möglichkeiten, den Ausspruch einer Kündigung zu vermeiden und die – von beiden Seiten – gewollte Rechtsfolge der Beendigung des Arbeitsverhältnisses auf andere Art und Weise herbeizuführen. In der Praxis hat das zumeist den Vorteil, dass das Arbeitsverhältnis in beiderseitigem Einvernehmen endet und bei der Zeugnisformulierung – wenn vom Arbeitnehmer ein solche gewünscht wird – keine arbeitgeberseitige oder auch arbeitnehmerseitige Kündigung angedeutet wird.
Ewald Helml im August 2025

A. Grundlagen

1. Was bedeutet »Kündigung« im Arbeitsrecht?

Eine Kündigung ist die Erklärung der Beendigung des Arbeitsverhältnisses. Sie kann beiderseitig ausgesprochen werden und ist formell in § 623 BGB geregelt. Eine Kündigung ist eine einseitige empfangsbedürftige Willenserklärung desjenigen, der sie ausspricht. Wie bei jedem anderen Dauerschuldverhältnis auch, ist eine Kündigung erforderlich, wenn es Arbeitgeber oder Arbeitnehmer beenden wollen. Die arbeitnehmerseitige Kündigung wird vom Beschäftigten erklärt, der sein Arbeitsverhältnis beenden möchte. Die arbeitgeberseitige Kündigung ist die Beendigungserklärung durch den Arbeitgeber. Entscheidend ist beim Ausspruch einer Kündigung des Arbeitsverhältnisses immer, dass der Beendigungswille ausdrücklich und unmissverständlich zum Ausdruck kommt.

Praxisbeispiel:
Der Beendigungswille wird nicht deutlich, wenn der Arbeitgeber bei einer Kündigung nur auf die schlechte, wirtschaftliche Lage des Betriebs verweist und den Arbeitnehmer um Verständnis bittet, dass er ggf. nicht mehr benötigt werde.

Fehlt es an einer klaren Kündigungserklärung des Arbeitsverhältnisses, dann kann keine Kündigung angenommen werden; der gewollte Sinngehalt der Erklärung lässt sich nicht nachträglich »hineininterpretieren«. Das ist insbesondere von Bedeutung für Kündigungen durch den Arbeitnehmer, weil bei diesen oftmals der tatsächliche Erklärungsinhalt nicht hinreichend deutlich wird.

> **Praxisbeispiel:**
> Der Arbeitnehmer schreibt in seine Kündigung, *»er habe mittlerweile auch mitbekommen, dass kaum mehr Arbeit für ihn vorhanden ist und er sehe ein, dass es so nicht weitergehen könne...«.*

Das Wort »Kündigung« muss bei Kündigungen nicht zwangsläufig benutzt werden. In einer Kündigung muss aber deutlich zum Ausdruck kommen, dass das Arbeitsverhältnis beendet werden soll. Für jede Kündigung im Arbeitsrecht gilt zwingend das Schriftformerfordernis des § 623 BGB.

2. Welche arbeitsrechtlichen Kündigungsarten gibt es?

Die grundsätzliche Unterscheidung bei Kündigungen ist die zwischen einer außerordentlichen (fristlosen) oder einer ordentlichen Kündigung. Die fristlose Kündigung ist in § 626 Abs. 1 und 2 BGB geregelt, die ordentliche arbeitgeberseitige Kündigung in § 1 Abs. 2 bis 5 KSchG. Die ordentliche arbeitnehmerseitige Kündigung ist nicht genauer gesetzlich geregelt, weil der Arbeitnehmer sein Arbeitsverhältnis jederzeit selbst ordentlich kündigen kann, ohne dass er dafür einen Grund haben muss. Gegen eine fristgerechte ordentliche Kündigung des Arbeitnehmers, welche die gesetzliche, tarifliche oder vertraglich vereinbarte Kündigungsfrist einhält, kann der Arbeitgeber rechtlich nichts einwenden. Er kann lediglich die Gründe der Kündigung beim Arbeitnehmer erfragen und auf eine Fortsetzung des Arbeitsverhältnisses hinwirken. Für die fristlose Kündigung gilt der Grundsatz, dass ein schwerer (wichtiger) Grund beim Kündigenden vorliegen muss. Fernerhin kann diese Kündigung nur dann erklärt werden, wenn der Grund hierfür maximal 14 Tage seit Kenntnisnahme zurückliegt. Dies hat den Sinn, dass sich Arbeitgeber oder Arbeitnehmer, die fristlos kündigen wollen, relativ zeitnah entscheiden müssen, ob sie dies tun wollen. Wenn der Arbeitgeber eine unwirksame Kündigung erklären sollte, hat dies den Fortbestand des Arbeitsverhältnisses zur Folge. Die Vergütung kann über die Rechtsgrundsätze des Annahmeverzugs (§ 615 S. 1 BGB) zu zahlen sein. Sollte der Arbeitnehmer eine unwirksame Kündigung erklären, begeht er damit eine Vertragsverletzung. Eine Ausnahme gilt hier nur bei absoluter Unzumutbarkeit der Erbringung der Arbeitsleistung. Es kann also eine Schadensersatzpflicht gegenüber dem Arbeitgeber drohen. Ob der Arbeitgeber das Arbeitsverhältnis ohne oder nur mit einem berechtigten Grund im Sinne des § 1 Abs. 2 KSchG ordentlich kündigen kann hängt davon ab, ob das KSchG auf das Arbeitsverhältnis anwendbar ist (siehe Frage 41). Innerhalb der Anwendbarkeit des KSchG gibt es drei Grundformen der ordentlichen arbeitgeberseitigen Kündigung (betriebsbedingt, personen-/krankheitsbedingt und verhaltensbedingt). Was die Erklärungsform betrifft, ist zu unterscheiden zwischen der Beendigungskündigung und der Änderungskündigung (geregelt in § 2 KSchG). Die Beendigungskündigung hat das Ende des Arbeitsverhältnisses zum Ablauf der maßgeblichen Kündigungsfrist zum Gegenstand, mit der Änderungskündigung wird das Arbeitsverhältnis gekündigt und der Arbeitgeber bietet dem Arbeitnehmer gleichzeitig einen geänderten Arbeitsplatz an. Wird die Annahme unter Vorbehalt vom Arbeitnehmer nicht erklärt, dann wird die Änderungskündigung zur Beendigungskündigung, der gerichtliche Prüfungsmaßstab ist aber derjenige einer Änderungskündigung. Sofern bei einem insolventen Arbeitgeber der Insolvenzverwalter kündigen sollte, dann ist eine maximale Frist von drei Monaten zum Monatsende einzuhalten. Dies gilt auch dann, wenn vorher der Betriebsinhaber bereits mit einer deutlich längeren Kündigungsfrist gekündigt haben sollte (§ 113 InsO). Das setzt allerdings ein förmliches und auch tatsächlich eröffnetes Insolvenzverfahren voraus. Falls dies »mangels Masse« abgelehnt wurde, bleibt es bei den gesetzlichen oder tariflichen Kündigungsfristen. Hier kann dann lediglich das Insolvenzausfallgeld relevant werden.

3. Wo ist die Kündigung gesetzlich geregelt?

Die wichtigsten gesetzlichen Regelungen für Kündigungen finden sich im BGB. Für alle Kündigungsarten ist die Regelung des § 623 BGB maßgeblich. In dieser Norm ist die zwingende Schriftformerfordernis enthalten, was bedeutet, dass alle Kündigungen schriftlich und unterzeichnet auszusprechen sind. Zudem muss diese Erklärung dem Kündigungsempfänger auch zugehen. § 623 BGB betrifft daher die Form der Kündigung. Regelungen zu den Kündigungsfristen bei ordentlichen Kündigungen sind in § 622 BGB enthalten. Die materiell-rechtlichen Voraussetzungen einer ordentlichen Kündigung sind im KSchG geregelt. Hiernach gibt es die Grundformen einer betriebsbedingten, verhaltensbedingten und personen-/krankheitsbedingten ordentlichen Kündigung. Allerdings muss dann der persönliche Anwendungsbereich des KSchG eröffnet sein (siehe Frage 17 und 41 ff.). § 626 BGB regelt die fristlose Kündigung aus wichtigem Grund. Weitere gesetzlichen Regelungen gibt im Schwerbehindertenrecht (SGB IX) und beim Mutterschutz (MuSchG). Sofern im Betrieb ein Betriebsrat oder in der Dienststelle ein Personalrat bzw. im kirchlichen Bereich eine Mitarbeitervertretung existieren sollte, sind die dortigen gesetzlichen Regelungen maßgeblich (BetrVG, BPersVG etc.).

4. Wer kann Kündigungen aussprechen?

Sowohl Arbeitgeber als auch Arbeitnehmer können Kündigungen aussprechen. Letzteres wird zumeist als »Eigenkündigung« bezeichnet. Während bei arbeitnehmerseitigen Kündigungen Vertretungen durch eine dritte Person (beispielsweise Pfleger) eher seltener vorkommen, ist dies bei arbeitgeberseitigen Kündigungen in Form von Vertretungen des Geschäftsführers, des Inhabers oder einer sonstigen Person der Betriebsleitung sehr häufig. Kündigungsberechtigt ist grundsätzlich der Arbeitgeber, bei juristischen Personen (GmbH, GmbH & Co KG) sind dies die Geschäftsführer. Zudem sind im Regelfall auch Prokuristen, Handlungsbevollmächtigte und die Personalleitung kündigungsberechtigt. Des Weiteren sind Personen kündigungsberechtigt, die vom Arbeitgeber hierzu besonders bevollmächtigt wurden. In diesen Fällen sollte die Bevollmächtigung der Kündigung beigelegt werden. Falls dies nicht geschehen sollte, kann das Fehlen der Vollmacht gerügt werden. Bei Aktiengesellschaften ist grundsätzlich der Vorstand durch ein Mitglied kündigungsberechtigt. Allerdings wird hier in der Praxis dieser Bereich zumeist in den Zuständigkeitsbereich der Personalabteilung gegeben werden. Ob insofern beim Handeln eines Bevollmächtigten aus dem Betrieb ein entsprechender Aushang im Betrieb ausreichen kann, ist im Einzelfall fraglich. Hier wird es darauf ankommen, ob die konkrete Möglichkeit der Kenntnisnahme zum Ausspruch der Kündigung auch bestanden hat. Sollte ein Vertreter ohne Vertretungsvollmacht eine Kündigung ausgesprochen und unterzeichnet haben, kann diese Kündigung unverzüglich vom Arbeitnehmer zurückgewiesen werden (§ 174 BGB). Dies muss unverzüglich erfolgen. Damit sind maximal eine Woche oder einige wenige Tage gemeint. Dies hängt immer vom Einzelfall ab. Der Ausspruch einer Kündigung kann auch einem bevollmächtigten Rechtsanwalt/Verbandsvertreter oder Gewerkschaftsvertreter übertragen werden. Bei Dienststellen im öffentlichen Dienst ist die Behördenleitung kündigungsberechtigt. Gegebenenfalls ist auch die Personalleitung kündigungsberechtigt, wenn diese befugt ist.

5. Welche Formerfordernisse müssen Kündigungen erfüllen?

Jede Kündigungsart muss schriftlich erfolgen. Die Schriftform ist nur dann gewahrt, wenn dem Kündigungsempfänger ein entsprechendes Schreiben mit dem Inhalt einer Kündigung zugeht. Wie der Text der Kündigung geschrieben ist, ist unerheblich. Er muss nur lesbar sein und die eigenhändige Unterschrift enthalten. Dies bedeutet, dass die Zusendung per (Computer-)Fax oder E-Mail, die Schriftformerfordernis im Sinne des § 623 BGB nicht erfüllt und daher rechtsunwirksam ist. Die Kündigung muss in dieser Schriftform auch zugehen, § 130 Abs. 1 S. 1 BGB. Nur eine Übermittlung einer Ablichtung des Originals als Scan durchzuführen, reicht nicht aus, um das Schriftformerfordernis bei der Kündigung zu wahren. Das Erfordernis der Eigenhändigkeit schließt jede Form der mechanischen oder digitalen Vervielfältigung der Unterschrift aus. Eine Kündigung per E-Mail kann deshalb nicht die Schriftform wahren, weil eine Erklärung in elektronischer Form (§§ 126 Abs. 3, 126a BGB) gemäß § 623 Halbs. 2 BGB ausgeschlossen ist. Fernerhin wären die Voraussetzungen des § 126a Abs. 1 BGB in solchen Situationen nicht erfüllt, weil die Übersendung der Kündigung in Form eines Anhangs zu einer einfachen E-Mail ohne das Hinzufügen einer qualifizierten elektronischen Signatur nicht ausreichen kann. Zur Vermeidung von Missverständnissen über die Person des Ausstellers ist die Anschrift des Betriebs bzw. des kündigenden Arbeitnehmers präzise anzugeben. Bei der Unterschrift ist es zweckmäßig, den Namen des Unterzeichners auch mit Maschinenschrift oder in Druckschrift unter der Unterschrift anzugeben. Die Unterschrift muss nicht lesbar sein, sondern lediglich den Namenszug des Ausstellers erkennen lassen. Eine gewisse Entzifferbarkeit der Unterschrift schadet nicht. In der Vergangenheit kam es mitunter zu gerichtlichen Streitigkeiten, ob eine unleserliche Unterschrift noch als ein individueller Namenszug angesehen werden kann. Da eine Kündigung aus diesen Gründen an der Schriftformklausel scheitern kann, ist anzuraten, bei einer Kündigung mit einem einigermaßen erkennbaren individuellen Schriftzug zu unterschreiben. Bei arbeitnehmerseitigen Kündigungen ist auch darauf zu achten, dass sowohl die eigene Anschrift als auch diejenige des Arbeitgebers sachgerecht aufgeführt wird. Insbesondere in größeren Betrieben kann ansonsten der Fall eintreten, dass die Kündigung des Arbeitnehmers in einer nicht zuständigen Abteilung eintrifft. Die Angabe der »Personalabteilung« ist zumindest anzuraten. Insbesondere bei arbeitnehmerseitigen Kündigungen kommt es immer wieder vor, dass die Erklärung der Kündigung nicht eindeutig und unmissverständlich erfolgt. Das Wort »Kündigung« muss zwar nicht zwingend verwendet werden, aber der Umstand der Beendigung des Arbeitsverhältnisses muss eindeutig zum Ausdruck gebracht werden. Die Kündigung ist immer dann zugegangen, wenn sie so in den Machtbereich des jeweiligen Empfängers gelangt ist, dass von einer Kenntnisnahme ausgegangen werden kann. Die tatsächliche Kenntnisnahme im Sinne des Lesens der Kündigungserklärung ist unerheblich. Beim Einwurf in den Briefkasten ist von folgenden Grundsätzen auszugehen: sofern der Einwurf des Kündigungsschreibens in den Briefkasten am Abend erfolgen sollte, ist zu prüfen, zu welcher Stunde dies erfolgt ist und ob tatsächlich noch erwartet werden kann, dass an diesem Tag der Briefkasten geleert wird. Wenn dem nicht so sein sollte, dann ist der Zugang immer erst der nächste Tag. Der formwirksame Zugang der Kündigungserklärung unter Abwesenden wird immer erst dann angenommen, wenn die Kündigung so in den Machtbereich des jeweiligen Empfängers gelangt ist, dass dieser unter normalen Verhältnissen die Möglichkeit hat, von ihrem Inhalt Kenntnis zu nehmen. Wenn etwa das Kündigungsschreiben des Arbeitgebers erst um 20 Uhr von einem Boten des Arbeitgebers in den Briefkasten des Arbeitnehmers eingelegt wird, dann geht das Schreiben erheblich nach den »normalen Postzustellzeiten« zu. Der Zugang erfolgt dann grundsätzlich erst am nächsten Tag. Ein weiteres Formerfordernis hinsichtlich der Begründung der Kündigung besteht bei der betriebsbedingten Änderungskündigung durch den Arbeitgeber im Sinne des § 2 KSchG. Hier muss das Schreiben eindeutig erkennen lassen, dass das Arbeitsverhältnis gekündigt wird und welcher geänderte Arbeitsplatz dem Arbeitnehmer damit angeboten wird. Der angebotene Arbeitsplatz ist einschließlich der damit verbundenen Änderungen so zu beschreiben, dass unmissverständlich klar ist, um welchen es geht und der Arbeitnehmer hierauf mit einem klaren »ja« oder »nein« antworten kann. »Ja« bedeutet, ich nehme die geänderten Arbeitsbedingungen an und »Nein« bringt zum Ausdruck, dass dann die Änderungskündigung zu einer Beendigungskündigung werden soll. Das »Nein« muss nicht zwingend erklärt werden. Ein Schweigen bedeutet in diesem Zusammenhang die Ablehnung. Sollte es an dieser Klarheit mangeln, dann ist die Änderungskündigung als solche unwirksam.

6. Was ist eine »einseitige Willenserklärung«?

Jede arbeitsrechtliche Kündigung ist eine einseitige empfangsbedürftige Willenserklärung, die dem Empfänger zugehen muss und mit dem Zugang wirksam wird. Sie stellt in rechtlicher Hinsicht deshalb eine Willenserklärung dar, weil sie ausschließlich vom Kündigungserklärenden ausgesprochen wird. Der Empfänger ist daran nicht beteiligt. Das gilt auch dann, wenn im Vorfeld einer Kündigung zwischen Arbeitgeber und Arbeitnehmer darüber gesprochen wurde, dass eine derartige Maßnahme bevorsteht. Somit unterscheidet sich eine Kündigung wesentlich von einer einvernehmlichen vertraglichen Beendigung des Arbeitsverhältnisses, beispielsweise per Aufhebungsvertrag. Ein Aufhebungsvertrag ist regelmäßig vom Arbeitgeber und Arbeitnehmer ausgehandelt. Wenn die Vertragsverhandlungen erfolgreich abgeschlossen sind, dann wird er beiderseits unterzeichnet und ist damit wirksam. Wenn bereits eine arbeitgeberseitige Kündigung zugegangen sein sollte und dann über die Modalitäten der Beendigung des Arbeitsverhältnisses verhandelt wird, nennt sich das Abwicklungsvertrag. In diesem wird die Wirksamkeit der Kündigung bestätigt und ausgehandelt wie diese umgesetzt wird (ggf. Abfindung, restliche Lohnzahlungen, Freistellungen, Urlaubseinbringung oder Urlaubsabgeltung, Zeugniswortlaut etc.). Diese Regelungen werden dann einvernehmlich zwischen Arbeitgeber und Arbeitnehmer festgelegt. Der wesentliche Satz einer derartigen Vereinbarung lautet dann immer:
»Arbeitgeber und Arbeitnehmer regeln einvernehmlich, dass das Arbeitsverhältnis des Arbeitnehmers aufgrund der ausgesprochenen arbeitgeberseitigen Kündigung vom … mit dem Ablauf des (Datum) … sein Ende gefunden hat/ sein Ende finden wird.«

Im Anschluss daran folgen dann die weiteren Regelungen der Aufhebung und die Beendigung des Arbeitsverhältnisses.

7. Können Kündigungen widerrufen werden?

Eine einseitige empfangsbedürftige Willenserklärung wie die Kündigung wird wirksam, wenn sie dem Empfänger zugegangen ist. Hieraus folgt, dass sie nicht frei »widerruflich ist«. Nach Ausspruch einer Kündigung und deren Zugang diese dann zu »widerrufen« ist rechtlich gesehen ohne Relevanz. Allerdings können sich Arbeitgeber und Arbeitnehmer auch nach Zugang einer Kündigung jederzeit darauf verständigen, dass das Arbeitsverhältnis fortgesetzt werden soll. Ob dies als ein bewusster Vertrag oder als die Fortsetzung des bisherigen Arbeitsverhältnisses auszulegen sein wird, hängt von den Umständen des Einzelfalles ab. Aus Gründen der Rechtssicherheit ist anzuraten, diese Fortsetzungsvereinbarung schriftlich zu fixieren, wenn sie beiderseits so gewünscht sein sollte. Wenn sich mit der Fortsetzung des Arbeitsverhältnisses die Konditionen ändern sollten, dann sind diese getroffenen Vereinbarungen aus Gründen der Rechtssicherheit ausdrücklich und konkret schriftlich zu fixieren. Dies erfordert in den meisten Punkten schon das Nachweisgesetz, welches nicht nur bei der Begründung des Arbeitsverhältnisses gilt, sondern auch bei der Vornahme von wesentlichen inhaltlichen Änderungen. Beim Nachweis der wesentlichen Arbeitsbedingungen ist die elektronische Form derzeit ausgeschlossen. Sollte der Arbeitgeber bei einer Weiterführung eines gekündigten Arbeitsverhältnisses, dieses nur befristet anbieten, dann sind diesem Vorhaben nach den Regelungen des TzBfG deutliche Grenzen gesetzt. Eine sachgrundlose Befristung (§ 14 Abs. 2 TzBfG) scheidet grundsätzlich aus, weil zuvor bereits ein Arbeitsverhältnis bestanden hat. Mit einem Sachgrund nach § 14 Abs. 1 TzBfG wäre dies zwar möglich, ein passender Sachgrund dürfte jedoch schwierig zu finden sein. Der vorübergehende Arbeitsbedarf nach Nr. 1 könnte allenfalls herangezogen werden, wenn sich etwa um den Zeitpunkt der Kündigung herausgestellt haben sollte, dass die Arbeit künftig wegfallen wird. Nr. 2 der zulässigen Sachgrundbefristungen ist in diesem Zusammenhang nicht vorstellbar. Ebenso scheiden Nr. 3 bis 7 aus. Nr. 8 kann nur bei gerichtlich protokollierten Vergleichen umgesetzt werden. Hieraus folgt, dass in derartigen Fällen eine nur befristete Fortsetzung schwer realisierbar sein wird. Eine schlichte »Rücknahme der Kündigung« ist ab dem Zeitpunkt des Zugangs aus rechtlichen Gründen daher nicht möglich. Zulässig ist es allerdings, dass der Kündigende gegenüber dem Empfänger erklärt, dass aus der ausgesprochenen Kündigung keine Rechte hergeleitet werden. Sollte der Arbeitgeber dies erklären und der Arbeitnehmer das Arbeitsverhältnis fortsetzen wollen, dann ist das rechtlich möglich. Auch hier ist aus Gründen der Rechtssicherheit anzuraten, diesen Umstand schriftlich zu dokumentieren. Wenn der Arbeitnehmer die Kündigung rückgängig machen will, dann muss er mit dem Arbeitgeber eine entsprechende Vereinbarung abschließen, die auf die Fortsetzung des Arbeitsverhältnisses gerichtet ist.

8. Wie unterscheiden sich »ordentliche« von »außerordentlichen« Kündigungen?

Ordentliche und außerordentliche Kündigung unterscheiden sich in Bezug auf den Zeitpunkt, zu dem die Kündigung wirksam werden soll. Bei der ordentlichen Kündigung muss regelmäßig die maßgebliche (gesetzliche, vertragliche oder tarifliche) Kündigungsfrist eingehalten werden. Die gesetzliche Kündigungsfrist bestimmt sich nach § 622 BGB. Die Grundkündigungsfrist beträgt vier Wochen zum Monatsende oder 15. des Monats. Je nach der Dauer des Arbeitsverhältnisses verlängert sich die Kündigungsfrist auf bis zu sieben Monate (bei Arbeitsverhältnissen über 20 Jahren Dauer). Diese Fristen gelten grundsätzlich für arbeitgeberseitige Kündigungen. Für arbeitnehmerseitige Kündigungen gelten sie nur dann, wenn die Verlängerungen der Kündigungsfristen je nach der Dauer des Arbeitsverhältnisses für den Arbeitnehmer so vereinbart wurden. Die außerordentliche Kündigung wird mit dem Tag des Zugangs wirksam. Eine wie auch immer geartete Kündigungsfrist ist bei dieser nicht vorgesehen. Wenn es vom Kündigenden so gewollt sein sollte, kann die außerordentliche Kündigung aber auch mit einer »Auslauffrist« erklärt werden. Die außerordentliche Kündigung wird regelmäßig ausgesprochen, wenn eine schwere arbeitsrechtliche Pflichtverletzung vorliegt. Sie kommt daher nur in Betracht, wenn das Arbeitsverhältnis grundlegend gestört ist und wegen der Schwere des Grundes nicht einmal das Abwarten der Kündigungsfrist zumutbar ist. Die ordentliche Kündigung kann arbeitgeberseits nicht nur wegen eines Fehlverhaltens des Arbeitnehmers ausgesprochen werden, sondern auch dann, wenn der Arbeitsplatz wegfällt (betriebsbedingt) oder wenn personenbedingte Gründe vorliegen, die zu betrieblichen Störungen führen. Bei dieser muss die maßgebliche arbeitgeberseitige Kündigungsfrist eingehalten werden. Sollten im Arbeitsvertrag die Kündigungsfristen gegenüber den gesetzlichen oder tariflichen Kündigungsfristen verlängert worden sein, dann ist die vertragliche Kündigungsfrist einzuhalten. Betrachtet man die Formalitäten der Kündigung unterscheiden sich beide Kündigungsarten nicht. Eine Begründung der fristlosen Kündigung ist nur auf Verlangen des Kündigungsempfängers zu geben (§ 626 Abs. 2 S. 3 BGB). Bei ordentlichen Kündigungen gibt es keine Möglichkeit, eine »Begründung« der Kündigung zu verlangen. Bei verhaltensbedingten Kündigungen wird diese aber regelmäßig durch den Arbeitgeber gegeben. Aber auch bei betriebs- und personen-/krankheitsbedingten Kündigungen werden die maßgeblichen Gründe einer Kündigung arbeitgeberseits zumeist dem Beschäftigten mitgeteilt werden. Dies schon deshalb, weil der Arbeitgeber zumeist darauf »hoffen wird«, dass die Begründung den Beschäftigten »überzeugt« gegen die Kündigung keine rechtlichen Schritte einzuleiten oder zumindest einen einigermaßen »akzeptablen« Aufhebungsvertrag abschließen zu wollen.

9. Was versteht man unter einer »Änderungskündigung«?

Die Änderungskündigung ist in § 2 KSchG geregelt und stellt eine ordentliche Kündigung dar, bei welcher gleichzeitig die Fortsetzung des Arbeitsverhältnisses zu den in der Kündigung vorgeschlagenen geänderten Arbeitsbedingungen angeboten wird. Die geänderten Arbeitsbedingungen sind vom Arbeitgeber so detailliert zu beschreiben, dass dem Beschäftigten in jeder Hinsicht klar ist, um welche Änderungen es tatsächlich geht. Von rechtlicher Bedeutung ist, dass eine arbeitgeberseitige Änderungskündigung nur dann vom Arbeitgeber in Betracht zu ziehen ist, wenn die Änderungen im Arbeitsbereich nicht durch das arbeitsrechtliche Direktionsrecht (§ 106 GewO) umgesetzt werden können. Sofern sich bei einer gerichtlichen Überprüfung herausstellen sollte, dass die Änderungen des Arbeitsbereichs auch durch das Direktionsrecht herbeigeführt werden können, dann hätte es gar keiner Änderungskündigung bedurft. Die Rechtsprechung geht in derartigen Fällen von einer »überflüssigen Änderungskündigung« aus, welche keine größere rechtliche Bedeutung hat. Der Arbeitgeber hat daher bei allen Änderungen der Arbeitsbedingungen im eigenen Interesse sorgfältig zu prüfen, ob tatsächlich zur Umsetzung der geänderten Arbeitsbedingungen die Änderungskündigung nach § 2 KSchG erforderlich ist. Falls das nicht sein sollte, muss die beabsichtigte Maßnahme über die Ausübung des Direktionsrechts durch den Arbeitgeber umgesetzt werden.

10. Welche Bedeutung hat der Zugang bei Kündigungen?

Bei der außerordentlichen (fristlosen) Kündigung ist der Zugang derjenige Tag, an dem das Arbeitsverhältnis endet. Bei der ordentlichen Kündigung beginnt ab dem Tag des Zugangs der Kündigung der Lauf der maßgeblichen Kündigungsfrist. Diese Fragen sind insbesondere von Bedeutung, wenn die Kündigung am Monatsende zugeht. Beträgt die Kündigungsfrist etwa ein Monat zum Monatsende und wird sie am 30. eines Monats, der 30 Tage hat, von Boten des Arbeitgebers zu einem derart späten Zeitpunkt in den Briefkasten des Arbeitnehmers eingelegt, dass mit der Kenntnisnahme an diesem Tag nicht mehr gerechnet werden kann, dann gilt die Kündigung erst am nächsten Tag als zugegangen. Das hat zur Folge, dass die vom Arbeitgeber angenommene Kündigungsfrist von einem Monat zum Monatsende erst zum Ablauf des übernächsten Monats endet, weil dann der Zugang am Ersten des Folgemonats anzunehmen ist. Aus diesen Gründen muss der Zugangstag einer Kündigung immer präzise festgestellt werden. Bei arbeitnehmerseitigen Kündigungen am Ende des Monats kann sich die Problematik stellen, dass am letzten Werktag eines Monats ab 12 Uhr die Personalabteilung nicht mehr besetzt ist. Der Arbeitgeber hat zwar die Kündigung an diesem Tag erhalten, aber die maßgeblichen Entscheidungsträger im Betrieb haben diese erst am Anfang des darauffolgenden Monats zur Kenntnis genommen. Hier ist es in der Praxis üblich, sich den Tag des Eingangs der Kündigung als Arbeitnehmer bestätigen zu lassen, damit der Beginn des Laufs der Kündigungsfrist bestimmt werden kann. Wenn der bisherige Arbeitgeber gegen die Kündigung des Arbeitnehmers keine Einwendungen haben sollte, dann wird sich die Bestätigung, dass die Kündigung noch am Ende des Monats zugegangen ist, bei der Abgabe der Kündigung problemlos einholen lassen. Jedenfalls sollte diese Problematik bei der Frage, ab wann ggf. der Beginn der Arbeit beim neuen Arbeitgeber zugesagt werden kann, beachtet werden.

B. Voraussetzungen einer Kündigung

11. Welche allgemeinen Wirksamkeitsvoraussetzungen gelten für Kündigungen?

Der Erklärende muss geschäftsfähig sein. Sollten arbeitnehmerseits hier Probleme bestehen, muss die Kündigung von einem Betreuer unterzeichnet werden. Dies gilt in allen Situationen, in denen der Arbeitnehmer in der Geschäftsfähigkeit eingeschränkt sein sollte. Da derartige Situationen in der Praxis sehr selten sind soll hier nicht genauer auf diese Fragen eingegangen werden. Die Kündigung muss in der zwingenden Schriftform (§ 623 BGB) abgefasst sein. Erforderlich ist fernerhin, dass die Erklärung deutlich die Kündigung des Arbeitsverhältnisses zum Ausdruck bringt. Fernerhin muss erklärt werden, ob es sich um eine außerordentliche oder ordentliche Kündigung handelt. Fehlt dieser Bestandteil der Kündigungserklärung, dann ist regelmäßig eine ordentliche Kündigung unter Einhaltung der maßgeblichen Kündigungsfrist gemeint. Eine außerordentliche Kündigung (§ 626 Abs. 1 BGB) kann immer nur dann angenommen werden, wenn ausdrücklich erklärt wird, dass das Arbeitsverhältnis mit sofortiger Wirkung gekündigt werden soll. Ob eine außerordentliche Kündigung auch dann vorliegen kann, wenn der Kündigende eine schwere Vertragspflichtverletzung beschreibt, aber dann offen lässt, welche Form der Kündigung er ausspricht, ist schwierig zu beantworten. Dieser Fall ist in der Praxis allerdings sehr selten. Weil die ordentliche und die fristlose Kündigung sozusagen in einem »Regel- und Ausnahmefall«-Verhältnis stehen, dürfte diese Annahme schwierig werden. Im Zweifelsfall wird zumeist eine ordentliche Kündigungserklärung angenommen werden.

12. Welche Bedeutung hat das Schriftformerfordernis nach § 623 BGB?

Das Schriftformerfordernis ist eine der wichtigsten Normen für die Form einer Kündigung. Sie gilt für jede Kündigungsart im Arbeitsverhältnis. Kündigungen, welche die Schriftformerfordernis nicht beachten, sind aus formellen Gründen unwirksam. Auch wenn in einigen Bereichen des Rechts der Gesetzgeber mittlerweile die früheren Schriftformklauseln aufgehoben hat und demzufolge die bloße Textform bei Erklärungen zulässt, verbleibt es bei der Kündigung bei der Schriftformerfordernis. Der die Kündigung Aussprechende muss daher die Erklärung eigenhändig unterzeichnen. Alle anderen Gestaltungsformen führen zur Rechtsunwirksamkeit der Erklärung. In sehr seltenen Ausnahmesituationen könnte das Berufen auf die fehlende Schriftformklausel treuwidrig und nach § 242 BGB die Geltendmachung der fehlenden Schriftlichkeit nicht möglich sein.

> **Praxisbeispiel:**
> Der Arbeitnehmer übergibt dem Arbeitgeber eine formunwirksame Eigenkündigung, die nicht unterschrieben ist. Der Arbeitgeber äußert gegenüber dem Arbeitnehmer, dass er die Formunwirksamkeit zwar erkennt, aber dennoch akzeptiert. Später vertritt er dann den Standpunkt, die Kündigung wäre formunwirksam und der Arbeitnehmer hätte eine Vertragspflichtverletzung begangen, weil er nach Ablauf der Kündigungsfrist die Arbeit eingestellt habe. Das Gesamtverhalten des Arbeitgebers könnte hier möglicherweise als treuwidrig oder zumindest widersprüchlich angesehen werden. Solche Situationen sollten unbedingt aus Sicht der Rechtsklarheit vermieden werden. Dem Arbeitnehmer ist anzuraten, sich sofort nach der Äußerung des Arbeitgebers die Kündigung wiedergeben zu lassen und diese zu unterschreiben.

13. Müssen in Kündigungen Gründe genannt werden?

Das hängt davon ab, wer die Kündigung erklärt und um welchen Grund es gehen sollte. Eine arbeitnehmerseitige ordentliche Kündigung muss in keinem Fall begründet werden. Hier ist es ausreichend, dass der Arbeitnehmer klarstellt, ob er ordentlich oder fristlos kündigen will. Eine fristlose Kündigung muss ausdrücklich als eine solche erklärt werden. Der Regelfall einer Kündigung ist die ordentliche Kündigung. Bei einer fristlosen Kündigung kann der Arbeitgeber verlangen, dass die Kündigung vom

Arbeitnehmer begründet wird (§ 626 Abs. 2 S. 3 BGB). Bei der fristlosen arbeitgeberseitigen Kündigung ist die Angabe eines Kündigungsgrundes nicht zwingende Voraussetzung. In der Praxis ist dem Arbeitnehmer aber meist bekannt aus welchen Gründen eine außerordentliche Kündigung erfolgt ist. Sofern bei einer fristlosen Kündigung der Arbeitgeber keinen Grund angegeben hat, kann auch der Arbeitnehmer verlangen, dass ihm der Kündigungsgrund mitgeteilt wird.

14. Wann gilt eine Kündigung als zugegangen?

Eine Kündigung gilt als zugegangen, wenn sie so in den Machtbereich des Empfängers gekommen ist, dass mit der Kenntnisnahme der Erklärung gerechnet werden kann. Bei der Eigenkündigung ist die sicherste Variante die persönliche Übergabe an den Arbeitgeber oder an eine von ihm bevollmächtigte Person (zumeist im Personalbüro). Bei Bedarf kann er vom Arbeitgeber oder seinen Bevollmächtigten die Quittierung der Abgabe verlangen. Auch bei arbeitgeberseitigen Kündigungen ist die persönliche Übergabe entweder in Anwesenheit von Zeugen oder die Quittierung des Erhalts der Kündigung durch Unterschrift des Arbeitnehmers die sicherste Variante der Übergabe. Sollte die persönliche Übergabe ausscheiden (etwa bei Krankheit des Beschäftigten oder wenn er in Urlaub sein sollte), sollte die Kündigung in Anwesenheit eines betrieblichen Zeugen, der den Inhalt des Schreibens kennt und mit kuvertiert hat, von diesem sowie einem weiteren Beschäftigten des Betriebs zum Wohnort des Arbeitnehmers gebracht werden. Ist der Arbeitnehmer doch anwesend, wird das Kündigungsschreiben persönlich übergeben und zur Sicherheit eine Quittierung der Übergabe angeregt. Der Arbeitnehmer muss dies aber nicht tun. Sollte der Arbeitnehmer eine Quittierung verweigern, stehen die Beschäftigten des Arbeitsgebers als Zeugen zur Verfügung. Wird niemand angetroffen, erfolgt der Einwurf des Schreibens in den Briefkasten, wobei dies zumeist fotografisch dokumentiert wird. Auch die Zustellzeit wird vermerkt, um später ggf. klären zu können, ob an diesem Tag noch mit einer Kenntnisnahme zu rechnen war. Bei diesem Geschehensablauf kann der Arbeitgeber regelmäßig den genauen Zugangszeitpunkt der Kündigung nachweisen. Eine weniger sichere Art der Zustellung ist das Einwurfeinschreiben, weil mit diesem der Inhalt der Sendung nicht präzise nachgewiesen werden kann. Eine nicht allzu häufige Methodik der Zustellung ist die Übergabe per Gerichtsvollzieher, da diese am kostenintensivsten ist. Sollten vom Zustellempfänger Versuche unternommen werden, die Zustellung von Kündigungen zu unterbinden, dann gilt das Schreiben mit dem Tag zugegangen, an welchem es in den Machtbereich des Empfängers hätte eingehen sollen.

> **Praxisbeispiel:**
> Der Arbeitnehmer baut seinen Briefkasten ab, erscheint nicht mehr im Büro und verhindert so, dass ihm Kündigungen zugehen können.

15. Ist eine mündliche Kündigung wirksam?

Aufgrund der gesetzlichen Schriftformerfordernis des § 623 BGB ist eine mündliche Kündigung stets unwirksam, da sie formnichtig ist. Alle weiteren Maßnahmen, die sich aus einer mündlichen Kündigung ergeben sollten, verfehlen ihr Ziel. Das bedeutet, wenn etwa der Arbeitnehmer mündlich fristlos kündigen sollte und ab dem nächsten Tag der Arbeit fernbleibt, begeht er eine Vertragspflichtverletzung und macht sich ggf. schadensersatzpflichtig. Eine formunwirksame arbeitgeberseitige Kündigung beendet ebenfalls das Arbeitsverhältnis nicht, auch wenn der Arbeitnehmer danach nicht beschäftigt werden sollte. Der Arbeitgeber hat dann weiterhin die Vergütung zu leisten. Problematisch ist, ob gegen eine nur mündlich erklärte arbeitgeberseitige Kündigung Klage beim Arbeitsgericht erhoben werden sollte. Diese Frage kann nicht verbindlich für alle Situationen beantwortet werden. Die Dreiwochenfrist des § 4 S. 1 KSchG gilt in diesen Fällen nicht, da eine mündliche Kündigung nicht wie eine schriftlich erklärte Kündigung zugehen kann. Das liegt daran, dass sie formunwirksam ist und kein Zugang stattfindet. Sofern der betroffene Arbeitnehmer eine Rechtsschutzversicherung haben sollte oder als Mitglied Gewerkschaftsrechtsschutz hat, kann eine Klage zum ArbG zur Klarstellung der Rechtslage nicht schaden. Falls Rechtsschutz nicht gegeben sein sollte, kann die Klage auch kostenfrei beim Arbeitsgericht oder der Rechtsantragstelle erhoben werden. Wenn der Arbeitgeber diesen Mangel der Kündigung erkennt, wird aus der Kündigung im Regelfall keine Rechtswirkung abgeleitet werden und einfach eine neue Kündigung unter Beachtung der

Schriftformerfordernis ausgesprochen. Eine formunwirksame Kündigung kann nicht in eine formwirksame »umgedeutet« werden. Damit würde das Formerfordernis der Schriftlichkeit aus den Angeln gehoben.

16. Welche Fristen sind bei der Kündigung zu beachten?

Hier ist dahingehend zu unterscheiden, ob es sich um eine fristlose oder eine ordentliche Kündigung handelt. Fernerhin ist zwischen Erklärungsfrist und Kündigungsfrist zu unterscheiden:

- **Kündigungserklärungsfrist**: Gemäß § 626 Abs. 2 S. 1 BGB kann eine fristlose Kündigung nur ausgesprochen werden, wenn der Kündigungsgrund noch nicht länger wie 14 Tage dem Kündigungserklärer bekannt ist. Nach Ablauf dieser Frist kann der Grund zwar noch für eine ordentliche verhaltensbedingte Kündigung herangezogen werden, aber nicht mehr für eine fristlose Kündigung (siehe Frage 33).
- **Kündigungsfrist**: Bei der ordentlichen Kündigung ist immer die maßgebliche Kündigungsfrist einzuhalten. Deren Länge ergibt sich aus § 622 BGB in Bezug auf die Grundkündigungsfristen aus Abs. 1 BGB und hinsichtlich der Verlängerung der Kündigungsfrist für den Arbeitgeber bei schon länger bestehenden Arbeitsverhältnissen aus Abs. 2 BGB. In der Probezeit ist die Frist des Abs. 3 BGB maßgeblich. Gemäß Abs. 4 BGB können in Tarifverträgen auch andere Längen vereinbart werden. Eine einzelvertragliche Abänderung der Kündigungsfrist ist nur nach Abs. 5 BGB möglich. Die Kündigungsfrist des Arbeitnehmers darf nach Abs. 6 nicht länger sein als diejenige des Arbeitgebers.

Gestaffelt nach der Dauer des Arbeitsverhältnisses stellen sich die Kündigungsfristen so dar:

- Die Grundkündigungsfrist beträgt vier Wochen zum Fünfzehnten des Monats oder zum Ende des Kalendermonats bei bis zu zwei Jahren Dauer des Arbeitsverhältnisses (§ 622 Abs. 1 BGB).
- Bei einer Probezeitvereinbarung mit maximaler Dauer von sechs Monaten beträgt die Kündigungsfrist zwei Wochen (§ 622 Abs. 3 BGB).
- Für arbeitgeberseitige Kündigungen verlängern sich die Kündigungsfristen bei (§ 622 Abs. 2 BGB):

- mindestens zwei Jahren Dauer des Arbeitsverhältnisses auf einen Monat zum Ende des Kalendermonats,
- mindestens fünf Jahren Dauer des Arbeitsverhältnisses auf zwei Monate zum Ende des Kalendermonats,
- mindestens acht Jahren Dauer des Arbeitsverhältnisses auf drei Monate zum Ende des Kalendermonats,
- mindestens zehn Jahren Dauer des Arbeitsverhältnisses auf vier Monate zum Ende des Kalendermonats,
- mindestens zwölf Jahren Dauer des Arbeitsverhältnisses auf fünf Monate zum Ende des Kalendermonats,
- mindestens fünfzehn Jahren Dauer des Arbeitsverhältnisses auf sechs Monate zum Ende des Kalendermonats,
- mindestens zwanzig Jahren Dauer des Arbeitsverhältnisses auf sieben Monate zum Ende des Kalendermonats.

Letztgenannte ist die längste gesetzliche Kündigungsfrist im Arbeitsverhältnis. Diese Kündigungsfristen gelten lediglich für arbeitgeberseitige ordentliche Kündigungen. Der Arbeitnehmer kann mit der Grundkündigungsfrist von vier Wochen zum Fünfzehnten eines Monates oder zum Monatsende kündigen, es sei denn auch für ihn wurde vertraglich eine längere Kündigungsfrist im Sinne des § 622 Abs. 2 BGB vereinbart. Sofern auf das Arbeitsverhältnis ein Tarifvertrag anwendbar ist, können in ihm abweichende Regelungen zu den Kündigungsfristen getroffen werden, beispielsweise ist im Bereich des Bauhauptgewerbes im Bundesrahmentarifvertrag Bau eine etwas kürzere Staffelung der Kündigungsfristen gegenüber den gesetzlichen Kündigungsfristen geregelt worden. Sofern der Tarifvertrag nicht allgemeinverbindlich sein sollte, können die kürzeren Kündigungsfristen auch bei nicht tarifgebundenen Arbeitsverhältnissen vereinbart werden (§ 622 Abs. 4 S. 2 BGB). Von der Grundkündigungsfrist des § 622 Abs. 1 BGB kann nur in folgenden Fällen durch Vereinbarung im Arbeitsvertrag abgewichen werden (§ 622 Abs. 5 BGB):

- wenn ein Arbeitnehmer zur vorübergehenden Aushilfe eingestellt ist, maximal bis zu drei Monaten Dauer;
- wenn der Arbeitgeber nicht mehr als 20 Arbeitnehmer beschäftigt, dann kann eine Grundkündigungsfrist von vier Wochen vereinbart werden. Die Betriebsgröße beurteilt sich genauso wie die Anwendungsvoraussetzungen des KSchG in fachlicher Hinsicht (siehe Frage 41).

17. Welche Bedeutung hat das KSchG?

Das KSchG regelt im Wesentlichen die drei Grundformen der ordentlichen Kündigung. Fernerhin regelt es die Änderungskündigung, die Frist zur Erhebung der Kündigungsschutzklage sowie die Auflösung des Arbeitsverhältnisses gegen Zahlung einer angemessenen Abfindung. Der Anwendungsbereich des KSchG ist gegeben, wenn im Betrieb mehr als 10 Personen vorhanden sind und das Arbeitsverhältnis länger als sechs Monate bestanden hat. Bei der Betriebsgröße kommt es auf die reguläre Beschäftigtenzahl an, nicht auf gelegentliche Schwankungen. Maßgeblich ist also die übliche Zahl der Arbeitsplätze, auch solche, die regelmäßig mit Verleiharbeitnehmern besetzt sind. Beim persönlichen Anwendungsbereich besteht die Voraussetzung, dass das Arbeitsverhältnis mindestens sechs Monate bestanden hat. Auch wenn die Kündigung am letzten Tag vor der Überschreitung der Zeit von sechs Monaten zugeht, ist der persönliche Anwendungsbereich des KSchG nicht eröffnet. Wenn das KSchG anwendbar ist, kann der Arbeitgeber aus betriebsbedingten, aus verhaltensbedingten oder aus personen-/krankheitsbedingten Gründen kündigen. Er muss aber dann im Falle einer Kündigungsschutzklage nachweisen können, dass die Voraussetzungen der jeweiligen ordentlichen Kündigung vorliegen. Außerhalb des persönlichen und fachlichen Anwendungsbereichs des KSchG sind die Hürden für den Arbeitgeber, eine wirksame Kündigung auszusprechen, wesentlich geringer. Derartige Kündigungen können nur nach den Kriterien eines möglichen Verstoßes gegen die zivilrechtlichen Generalklauseln (Sittenwidrigkeit – Treuwidrigkeit – Willkür) angegriffen werden.

18. Was bedeutet »soziale Rechtfertigung«?

Dieser Begriff bezieht sich ausschließlich auf Kündigungen im Anwendungsbereich des KSchG. Mit ihm ist gemeint, ob eine ausgesprochene ordentliche Kündigung wirksam ist oder nicht. Im Bereich der außerordentlichen Kündigung wie auch bei Kündigungen, die nicht dem persönlichen und fachlichen Anwendungsbereich des KSchG unterfallen, geht es um die Wirksamkeit oder Unwirksamkeit der Kündigung. Gleiches gilt bei Kündigungen von Personen, die einen Sonderkündigungsschutz haben, z. B. Schwangere; Schwerbehinderte und Gleichgestellte immer dann, wenn sie länger als sechs Monate im Betrieb beschäftigt sind. Ebenso gilt dies bei betriebsverfassungsrechtlichen und personalvertretungsrechtlichen Mandatsträgern sowie bei der Mitarbeitervertretung der Kirchen. Dies gilt auch dann, wenn ohne die erforderliche Zustimmung einer Behörde oder die Ersetzung der Zustimmung durch das Vertretungsorgan gekündigt werden sollte. Hier geht es immer um einen gesetzlichen Unwirksamkeitsgrund der Kündigung und daher nicht um die soziale Rechtfertigung dieser. Der Begriff der sozialen Rechtfertigung einer Kündigung erfasst daher Kündigungen von Arbeitsverhältnissen, bei denen der persönliche und fachliche Anwendungsbereich des KSchG gegeben ist, die Kündigung vom Arbeitgeber als eine ordentliche Kündigung ausgesprochen wird und sie entweder mit betriebsbedingten Gründen (Wegfall des Arbeitsplatzes), verhaltensbedingten Gründen (erhebliches verschuldetes Fehlverhalten des Arbeitnehmers) oder aus krankheitsbedingten Gründen im Sinne von häufigen Kurzerkrankungen oder lang andauernden Einzelerkrankung(en) ausgesprochen wird. Unter diesen Begriff fällt auch die Kündigung wegen (vom Arbeitgeber behaupteter) dauernder Unmöglichkeit der Erbringung der Arbeitsleistung aus gesundheitlichen Gründen. Auch bei der Änderungskündigung im Sinne des § 2 KSchG ist der Begriff der sozialen Rechtfertigung der Kündigung von Bedeutung.

19. Gilt das KSchG auch in Kleinstbetrieben?

Auf »kleinere« Betriebe ist das KSchG durchaus anwendbar, aber nicht auf Kleinstbetriebe. Der fachliche Anwendungsbereich des KSchG ist in § 23 Abs. 1 beschrieben. Weil ab dem 1. 1. 2004 der fachliche Anwendungsbereich des KSchG nach oben hin abgeändert wurde, wurde für ältere Arbeitsverhältnisse in § 23 Abs. 1 KSchG eine anderweitige Regelung beibehalten. Die sog. »Altfälle« haben in der Praxis aber kaum noch Relevanz. Für die **Arbeitsverhältnisse ab dem 1. 1. 2004** ist das KSchG anwendbar, wenn der Betrieb mehr als 10 Arbeitnehmer hat, wobei die Arbeitnehmerzahl nach dem Umfang der Arbeitsleistung bestimmt wird. Bei der Berechnung der Betriebsgröße zählen geringfügig Beschäftigte und Teilzeitbeschäftigte bis 50 % der Vollzeit mit dem Faktor 1/2, Beschäftigte bis zu 75 % der Vollzeit mit 3/4 und Vollkräfte mit 1,0. Die Summe hieraus klärt die Frage, ob das KSchG in fachlicher Hinsicht anwendbar ist oder nicht. Wenn einige Arbeitsplätze regelmäßig mit Verleiharbeitnehmern besetzt sein sollten, dann zählen diese mit. Wenn allerdings nur bei Bedarf Verleiharbeitsplätze im Betrieb besetzt werden sollten, etwa bei »Arbeitsspitzen«, dann werden diese Arbeitsplätze bei der Ermittlung der regulären Beschäftigtenzahl nicht mit eingerechnet. Maßgeblich ist daher bei dieser Frage immer der reguläre Beschäftigtenstand. Für Arbeitnehmer, die vor dem 1. 1. 2004 eingestellt wurden und sich immer noch im Betrieb befinden, gilt die Übergangsregelung. Das KSchG ist anwendbar, wenn der Betrieb zu diesem Zeitpunkt mehr als fünf Arbeitnehmer beschäftigt hat. Voraussetzung für die Anwendbarkeit des KSchG nach »altem Recht« ist, dass der Betrieb nicht unter sechs Beschäftigte gefallen ist. In einem solchen Betrieb würde das KSchG erst dann wieder anwendbar werden, wenn er die Größe der ab dem 1. 1. 2004 geltenden Fassung erreichen sollte. Ausbildungsplätze werden bei der Berechnung nicht einbezogen. Diese unterfallen nicht dem KSchG, da Berufsauszubildende keine Arbeitnehmer im üblichen Sinne sind.

20. Was sind typische Formfehler bei Kündigungen?

In der Praxis kommen beiderseits immer wieder Formfehler in Bezug auf das Kündigungsschreiben vor. Beispielsweise ist die Kündigung zwar formell richtig erstellt, wird dann aber eingescannt und elektronisch zugesandt. Das liegt zum Teil daran, dass es aufgrund einer aktuellen Entscheidung des Bundesarbeitsgerichts bei der in Textform zu erteilenden Lohnabrechnung ausreichend ist, wenn diese dem Arbeitnehmer auf einer passwortgeschützten Seite zum Abruf zur Verfügung gestellt wird. Nicht unterzeichnete oder nicht von der kündigungsberechtigten Person unterzeichnete Kündigungen kommen immer wieder vor. Auch Eigenkündigungen werden mangels Sprachkenntnissen zum Teil per Mail oder mit einem Computerfax an den Arbeitgeber versendet. Vermeidbare Fehler entstehen auch in Bezug auf die Länge der Kündigungsfrist. Wenn die ordentliche Kündigung am Ende eines Kalendermonats verfasst wird, muss berücksichtigt werden, wie lange es dauert, bis die Kündigung zugeht. Wenn das in den ersten Tagen des kommenden Monats sein sollte, verlängert sich die Kündigungsfrist um einen Monat. Dies ist insbesondere bei Kündigungen von Arbeitnehmern zu beachten, die bereits ein neues Arbeitsverhältnis haben und auf den Beendigungszeitpunkt beim alten Arbeitgeber angewiesen sind. Mitunter kommt es auch bei arbeitnehmerseitigen Kündigungen vor, dass die Ausdrucksweise nicht eindeutig die Beendigung des Arbeitsverhältnisses erkennen lässt. Eine gewollte außerordentliche Kündigung muss ausdrücklich als solche erklärt werden. Es muss nicht unbedingt der Wortlaut des § 626 Abs. 1 BGB verwendet werden, aber zum Ausdruck kommen, dass das Arbeitsverhältnis mit sofortiger Wirkung beendet werden soll. Lässt sich das nicht erkennen, wirkt sie im Zweifelsfall als eine ordentliche Kündigung. Bei arbeitnehmerseitigen Kündigungen von Arbeitsverhältnissen, die schon eine geraume Zeit bestanden haben, ist stets zu prüfen, ob das Arbeitsverhältnis mit der Grundkündigungsfrist von vier Wochen zum Monatsende oder zum 15. eines Monats gelöst werden kann oder ob eine vereinbarte oder geltende längere tarifliche Kündigungsfrist auch für die Eigenkündigung maßgeblich ist. Sollte der Arbeitnehmer diese nicht beachten, kann die zu frühe Einstellung der Arbeit eine Vertragspflichtverletzung mit allen sich hieraus ergebenden Folgen (ggf. Schadensersatzzahlungen) darstellen.

C. Ordentliche Kündigung

21. Was ist eine »ordentliche Kündigung«?

Eine ordentliche Kündigung liegt begrifflich immer dann vor, wenn der Kündigende die maßgebliche ordentliche Kündigungsfrist einhält. Die Länge der Kündigungsfrist ergibt sich entweder aus § 622 Abs. 1 und 2 BGB, aus einer tariflichen Regelung oder aus vertraglicher Regelung. Der Begriff der ordentlichen Kündigung ist daher nicht von der Art der Kündigung (betriebsbedingt, personen-/krankheitsbedingt oder verhaltensbedingt) abhängig, sondern wie sie erklärt wurde. Wenn die maßgebliche Kündigungsfrist eingehalten wurde, dann geht es immer um eine ordentliche Kündigung. Grundsätzlich ist davon auszugehen, dass eine ordentliche Kündigung immer dann vorliegt, wenn dieses Wort beim Text der Kündigung verwendet wurde. Dann spricht eine erhebliche Vermutung dafür, dass diese Form der Kündigung gewollt war. Probleme entstehen dann, wenn zwar eine ordentliche Kündigung ausgesprochen wurde, aber nicht die jeweils maßgebliche ordentliche Kündigungsfrist beachtet wurde.

Praxisbeispiel: Beidseits besteht eine längere Kündigungsfrist als in § 622 Abs. 2 BGB geregelt, der Arbeitnehmer vergisst diese jedoch bei einer Eigenkündigung. Sollte Streit über die Eigenkündigung auftreten, wird dies so gelöst, dass es bei einer ordentlichen Kündigung verbleibt und der Arbeitnehmer verpflichtet ist, bis zum rechtlichen Ende des Arbeitsverhältnisses die Arbeitsleistung zu erbringen. Sollten beide Seiten dies allerdings nicht wollen, kann jederzeit einvernehmlich geregelt werden, dass das Arbeitsverhältnis bereits zu einem früheren Zeitpunkt beendet wird. Das muss aber dann ausdrücklich schriftlich vereinbart werden. Ansonsten riskiert der Arbeitnehmer eine Vertragspflichtverletzung und möglicherweise auch einen Schadensersatzanspruch.

22. Wie werden Kündigungsfristen berechnet?

Alle Kündigungsfristen berechnen sich ab dem Tag des Zugangs der Kündigung. Deshalb ist der Zugang von erheblicher Bedeutung. Die Kündigung ist dann zugegangen, wenn sie so in den Machtbereich des Empfängers gekommen ist, dass bei diesem von der Kenntnisnahmemöglichkeit ausgegangen werden kann. Die sicherste Möglichkeit ist stets die persönliche Übergabe des Kündigungsschreibens, dann ist sie an diesem Tag, zugegangen. Wenn Streitigkeiten zu erwarten sind, kann entweder verlangt werden, dass der Kündigungsempfänger den Erhalt der Kündigung quittiert oder ein Zeuge mitgenommen wird, der dann ggf. den Zugang der Kündigung an diesem Tag bestätigen kann.

Praxisbeispiel:
Wenn eine Kündigung am 20. Juni 2025 durch Übergabe zugeht und die Kündigungsfrist drei Monate zum Monatsende beträgt, endet das Arbeitsverhältnis am 30. September 2025. Wenn der Arbeitnehmer bei einer arbeitgeberseitigen Kündigung in der Zeit vom 15. bis zum 30. Juni 2025 ortsabwesend gewesen sein sollte und erst wieder am 1. Juli 2025 zurückkommt, ging die Kündigung dem Arbeitnehmer dennoch am 15. Juni 2025 zu. Allerdings wird der Arbeitgeber den Zugang nur beweisen können, wenn ein Zeuge dafür vorhanden ist, dass tatsächlich am 15. Juni 2025 der Brief in den Briefkasten eingeworfen wurde. Sollte die Kündigung vom Arbeitgeber nur mit »einfach frankiertem Brief« versandt worden sein, dann hat er mit dem Zugangsnachweis des konkreten Datums erhebliche Probleme.

Wenn der Zugangszeitpunkt feststeht, kann dann die Länge der im Einzelfall maßgeblichen Kündigungsfrist bestimmt werden. Allerdings muss hier genau geklärt werden, welche Frist maßgeblich ist. Neben den gesetzlichen Fristen kommen auch arbeitsvertragliche oder tarifliche Kündigungsfristen in Betracht. Sollten tarifliche Kündigungsfristen maßgeblich sein, weil der Tarifvertrag auf das Arbeitsverhältnis anwendbar ist, dann kommen diese zur Anwendung, auch wenn sie kürzer sein sollten. Geregelt ist das in § 622 Abs. 4 BGB. Einzelvertragliche Regelungen sind nur unter den Voraussetzungen des § 622 Abs. 5 BGB möglich. Verkürzungen unterhalb der gesetzlichen Regelungen sind unzulässig und haben keine Wirkung. Es bleibt dann bei der gesetzlichen Regelung.

23. Welche Frist gilt in der Probezeit?

In der maximal sechsmonatigen Probezeit kann die beiderseitige Kündigungsfrist auf 14 Tage abgekürzt werden. Diese Regelung ist in § 622 Abs. 3 BGB enthalten. Erforderlich ist hier, dass im Arbeitsvertrag die ersten sechs Monate ausdrücklich als Probezeit bezeichnet werden. Nicht zwingend ist es, dass die ersten sechs Monate auch als Probezeit befristet werden. In Tarifverträgen kann in einer Probezeit auch eine kürzere Kündigungsfrist vereinbart werden, wobei dann für deren Anwendbarkeit Voraussetzung ist, dass der Tarifvertrag im Arbeitsverhältnis anwendbar ist. Sofern er allgemeinverbindlich sein sollte, ist das kein Problem. Ansonsten ist Voraussetzung, dass entweder Arbeitgeber und Arbeitnehmer tarifgebunden sind oder im Arbeitsvertrag die Geltung des Tarifvertrags ausdrücklich vereinbart wurde. Die Frist beginnt dann ab dem Tag des Zugangs der Kündigung zu laufen. Nach 14 Tagen ist dann das Arbeitsverhältnis beendet.

24. Welche tariflichen oder vertraglichen Regelungen sind möglich?

Vertraglich können sich die Parteien auf längere Kündigungsfristen einigen, sofern diese beiderseits gelten. Die Kündigungsfrist für den Arbeitnehmer darf nicht länger als die vom Arbeitgeber sein (622 Abs. 6 BGB). Dies ist ein allgemeiner Grundsatz des Kündigungsfristenrechts und gilt für alle Kündigungsfristenvereinbarungen. Sofern Tarifvertragsparteien die Kündigungsfristen etwas kürzer gestalten sollten als die gesetzlichen Kündigungsfristen (etwa im Bundesrahmentarifvertrag für das Baugewerbe), dann gelten diese Regelungen beidseitig. Bei vertraglichen Regelungen ist von allzu langen Kündigungsfristen eher abzuraten, weil sie zum einen über das von Seiten der Rechtsprechung bestimmte Maß hinausgehen können und ggf. die Berufsfreiheit beeinträchtigen. Insbesondere in Bereichen, in denen derzeit erheblicher Fachkräftemangel herrscht, kommen manche Arbeitgeber auf die Idee, beidseits sehr lange Kündigungsfristen zu vereinbaren, um genügend Zeit für Nachfolgeregelungen zu haben. Es wird als zulässig anzusehen sein, die Staffelung der Kündigungsfristen des § 622 Abs. 2 BGB für die Zeit von zwei Jahren bis 20 Jahren um wenige Monate zu verlängern. Wenn allerdings bereits bei einer Beschäftigungszeit von 5 bis 10 Jahren eine Kündigungsfrist von fünf Monaten zum Halbjahresende vereinbart sein sollte, kann der Arbeitnehmer sein Arbeitsverhältnis im März eines Jahres lediglich zum 31.12. des Jahres kündigen. Irgendwann ist hier die Grenze erreicht, dass die Vereinbarung als ein Verstoß gegen die Berufsfreiheit eingestuft werden muss. Kündigungsfristen, die deutlich mehr als ein Jahr betragen sind bedenklich und ab einer zu langen Bindungsdauer wohl unzulässig.

25. Kann während einer Krankheit ordentlich gekündigt werden?

Während einer Krankschreibungsphase kann grundsätzlich auch eine ordentliche Kündigung erklärt werden. Allerdings ist hierbei die maßgebliche arbeitgeberseitige Kündigungsfrist zu beachten. Zu unterscheiden ist in diesen Situationen, ob die Kündigung personen-/krankheitsbedingt oder aus anderen Gründen (betriebsbedingt oder verhaltensbedingt) erfolgen soll. Sollte eine ordentliche Kündigung wegen der Krankheitszeiten ausgesprochen werden, müssen hierbei in Bezug auf die Wirksamkeit alle Voraussetzungen der Kündigung wegen Krankheitszeiten gegeben sein (siehe Frage 46 ff.). Den Ausspruch von Kündigungen aus sonstigen Gründen hindert das Vorliegen einer Krankheit nicht. Es ist also auch zulässig, dass der Arbeitgeber während einer Krankschreibung verhaltensbedingt das Arbeitsverhältnis kündigt oder wegen des Wegfalls des Arbeitsplatzes aus betriebsbedingten Gründen. Maßgeblich ist hier, dass die ordentliche Kündigungsfrist eingehalten wird. Sollte der Arbeitgeber mit einer zu kurzen Frist kündigen, dann ist stets die relevante gesetzliche, vertragliche oder tarifliche Kündigungsfrist verbindlich und die Kündigungsfrist wird entsprechend ausgelegt.

> **Praxistipp:**
> Arbeitnehmer sollten auch in diesen Fällen Klage auf Einhaltung der ordentlichen Kündigungsfrist einlegen, allerdings muss hier die Dreiwochenfrist des § 4 S. 1 KSchG nicht zwingend eingehalten werden. Das liegt daran, dass es nicht um die Wirksamkeit der Kündigung, sondern die Länge der Kündigungsfrist geht.

26. Welche Kündigungsmöglichkeiten gibt es bei einem Fehlverhalten des Arbeitnehmers?

Sofern es zu einem Fehlverhalten des Arbeitnehmers kommen sollte, ist der Anwendungsbereich einer verhaltensbedingten Kündigung gegeben. Allerdings muss der Arbeitgeber hierbei beachten, welche konkrete Reaktion auf das Fehlverhalten des Beschäftigten angemessen erscheint. Grundsätzlich ist darauf hinzuweisen, dass Kündigungen aus verhaltensbedingten Gründen nur auf Sachverhaltssituationen gestützt werden können, welche eine schuldhafte Pflichtenverletzung des Arbeitnehmers darstellen. Ein schuldloses Fehlverhalten kann regelmäßig keine verhaltensbedingte Kündigung rechtfertigen. Dieses ist etwa dann anzunehmen, wenn der Arbeitnehmer zwar eine Pflichtverletzung begeht, ihm aber nicht bewusst ist, dass er damit gegen die arbeitsrechtlichen Pflichten verstößt.

Praxisbeispiel:
In einem Farben-Beschichtungsbetrieb wird die Dicke der vorzunehmenden Pulverbeschichtungen präzise von Kunden vorgegeben. Im Unternehmen wird diese aber nicht immer hundertprozentig eingehalten. Dieser Umstand führt dazu, dass insbesondere die noch nicht allzu lange tätigen Beschäftigten nicht sonderlich genau auf die exakte Dicke des Farbauftrags achten. Als bei einem großen Auftrag ein Kunde die Dicke der Beschichtung nachmisst und einen Fehler feststellt, wird der gesamte Auftrag samt teurer Nacharbeitung zurückgegeben. Ein Kündigungsgrund dürfte hier noch nicht vorliegen. Der Arbeitnehmer könnte sich darauf berufen die geschuldete Leistung erbracht zu haben. Hier kann der Arbeitgeber regelmäßig zunächst nur mit einer Abmahnung reagieren.

Sollte ein Fehlverhalten des Arbeitnehmers verschuldet sein, kommt eine ordentliche verhaltensbedingte Kündigung in Betracht, wenn es um eine erhebliche arbeitsrechtliche Pflichtverletzung geht. »Bagatellfälle« reichen für den Ausspruch der Kündigung nicht aus. Die Abgrenzung von weniger schweren Pflichtverletzungen und solchen, welche eine Kündigung begründen können, ist in der Praxis nicht immer einfach. Es kommt hier darauf an, wie die betrieblichen Auswirkungen einer Pflichtwidrigkeit bei der Erbringung der Arbeitsleistung sind. Bei schwereren Störungen im Arbeitsverhältnis, insbesondere wenn diese im Vertrauensbereich liegen sollten (vorsätzliche Schlechtarbeit, Diebstähle, Unterschlagungen), kann arbeitgeberseits auch eine außerordentliche Kündigung nach § 626 Abs. 1 und 2 BGB ausgesprochen werden. Allerdings muss dann davon auszugehen sein, dass wegen der Schwere der Pflichtwidrigkeit nicht einmal die Einhaltung der ordentlichen Kündigungsfrist zumutbar war und der Kündigungsgrund dem Arbeitgeber nicht länger als zwei Wochen bekannt ist (§ 626 Abs. 2 BGB). In derartigen Situationen ist wegen der Schwere der Vertragsstörung auch regelmäßig keine vorherige Abmahnung erforderlich.

27. Ist eine ordentliche Kündigung ohne Grund im Kleinstbetrieb möglich?

Eine grundlose ordentliche Kündigung ist im Kleinstbetrieb möglich, wenn die Beschäftigtenzahl bei 10 oder niedriger liegt. Ein Kleinstbetrieb ist immer dann anzunehmen, wenn der Betrieb lediglich 10 oder weniger Beschäftigte hat, wobei hier geringfügig Beschäftigte bis Halbtagsbeschäftigte mit 0,5 gerechnet werden, bis zu einer Arbeitszeit von ¾ der Vollzeit zählen Arbeitnehmer mit 0,75 und in Vollzeit mit 1,0. Wird die Schwelle von 10 nicht überschritten, ist das KSchG nicht anwendbar. Das bedeutet, dass der Prüfungsmaßstab des KSchG nicht zur Anwendung kommen kann. Die hat aber nicht zur Folge, dass aus der Sicht des Arbeitgebers vollständige Kündigungsfreiheit bestehen würde. Auch im Kleinstbetrieb muss sich die Kündigung an bestimmte Grundsätze des Kündigungsrechts halten. So darf sie nicht völlig willkürlich veranlasst sein. Wenn mehrere Beschäftigte miteinander vergleichbar sein sollten, muss zumindest in geringem Umfang eine Auswahlprüfung vorgenommen werden. Diese ist aber nicht mit der Sozialauswahl zu verwechseln (siehe Frage 28).

Praxisbeispiel:
Eine Kündigung im Kleinstbetrieb ist immer dann unwirksam, wenn der Arbeitgeber bereits bei der ersten Erkrankung eines Arbeitnehmers kündigen sollte und keine anderen Kündigungsgründe vorliegen (personenbedingt). Bagatellpflichtverletzungen begründen ebenfalls keine Kündigung (verhaltensbedingt). Bei betriebsbedingten Kündigungsgründen muss zwar keine Sozialauswahl nach § 1 Abs. 3 KSchG durchgeführt werden, allerdings ist hier der Arbeitgeber zumindest verpflichtet, die Grundstrukturen der sozialen Auswahl einzuhalten.

28. Wann ist eine ordentliche Kündigung sozial gerechtfertigt?

Die soziale Rechtfertigung ist ein Begriff, der aus dem KSchG stammt. Damit ist die Frage der Wirksamkeit einer Kündigung gemeint, die innerhalb des persönlichen und fachlichen Anwendungsbereichs des KSchG liegt. Das ist der Fall, wenn im Betrieb mehr als zehn Beschäftigte (nach dem Zählfaktor des KSchG) vorhanden sind und das Arbeitsverhältnis bereits über sechs Monate besteht. Die drei Grundformen einer ordentlichen Kündigung sind die betriebsbedingte, die verhaltensbedingte und die personen-/krankheitsbedingte Kündigung. Bei der betriebsbedingten Kündigung sind grundsätzlich der Wegfall des Arbeitsplatzes notwendig und sie muss den Kriterien einer ordnungsgemäßen Sozialauswahl standhalten. Bei der verhaltensbedingten Kündigung muss ein erhebliches Fehlverhalten des Arbeitnehmers vorliegen. Regelmäßig ist auch eine vorherige Abmahnung vor Ausspruch der Kündigung erforderlich. Das Fehlverhalten des Beschäftigten muss regelmäßig verschuldet sein. Bei der personen-/krankheitsbedingten Kündigung sind häufige Kurzerkrankungen, länger dauernde Erkrankungen oder die zum Kündigungszeitpunkt bestehende dauernde Unmöglichkeit der Erbringung der Arbeitsleistung aus krankheitsbedingten Gründen von Bedeutung. Es können auch sonstige Kündigungsgründe sein, welche im Bereich der Person des Beschäftigten liegen. Der personenbedingte Bereich ist etwa auch erfasst, wenn erhebliche Eignungsmängel im Arbeitsverhältnis auftreten sollten.

29. Welche Bedeutung hat der Arbeitsvertrag?

Im Arbeitsvertrag sind zumeist keinerlei Regelungen hinsichtlich eines möglichen ordentlichen oder außerordentlichen Kündigungsgrundes vorhanden. Dafür sind meist Regelungen zu den Kündigungsfristen enthalten. Vertraglich kann nicht verbindlich festgelegt werden, wann ein Kündigungsgrund vorliegt und wann nicht. Für die Beurteilung der Wirksamkeit einer außerordentlichen, wie auch einer ordentlichen Kündigung ist grundsätzlich das Kündigungsrecht maßgeblich. Zwar ist es möglich, dass im Arbeitsvertrag festgelegt wird, welche Pflichten bei der Erbringung der Arbeitsleistung von erheblicher Bedeutung sind, allerdings kann nicht rechtsverbindlich geregelt werden, was für ein Fehlverhalten eine derart schwere Pflichtwidrigkeit darstellt.

30. Kann man auf Kündigungsschutz verzichten?

Der Kündigungsschutz nach dem KSchG und die mögliche Überprüfung einer außerordentlichen Kündigung nach § 626 Abs. 1 und 2 BGB sind zwingendes Recht. Vereinbarungen, die dies zwischen den Arbeitsvertragsparteien ändern, sind zu Lasten der Arbeitnehmer nicht möglich. Vereinbarungen sind allenfalls dahingehend zulässig, dass der Arbeitgeber im Vertrag erklärt eine verhaltensbedingte Kündigung erst dann auszusprechen, wenn bereits wegen eines ähnlichen Sachverhalts erfolglos eine Abmahnung erfolgte. Wenn der Arbeitnehmer bereits bei Abschluss des Arbeitsvertrags oder im Vorfeld einer bevorstehenden Kündigung erklären sollte, dass er auf »den Kündigungsschutz« verzichte, ist diese Erklärung unzulässig. Trotz des zwingenden Charakters des Kündigungsschutzrechts nach dem KSchG kann allerdings der Arbeitnehmer nach dem Zugang der Kündigung mit einer Vereinbarung mit dem Arbeitgeber auf ihn verzichten. In der Praxis erfolgt dies meist durch einen schriftlichen Klageverzicht im Rahmen einer Einigung, z. B. eines Aufhebungsvertrags. Gleiches gilt beim Ausspruch einer fristlosen Kündigung des Arbeitgebers nach § 626 Abs. 1, 2 BGB.

D. Außerordentliche (fristlose) Kündigung

31. Was ist eine außerordentliche Kündigung?

Die außerordentliche Kündigung nach § 626 Abs. 1 BGB erfordert immer einen schwerwiegenden Kündigungsgrund, der zumeist im Vertrauensbereich liegt. Bei Pflichtwidrigkeiten im Leistungsbereich wird eine außerordentliche Kündigung lediglich bei besonders schweren Fällen angenommen werden können. Vertragspflichtverletzungen des Arbeitnehmers, welche schwerpunktmäßig den Leistungsbereich berühren, sind zumeist als ein ordentlicher verhaltensbedingter Kündigungsgrund anzusehen. Eine Ausnahme hiervon gilt nur dann, wenn es sich um eine besonders schwerwiegende oder vom Umfang her gesehen hartnäckige Pflichtverletzung des Arbeitnehmers bei der Erbringung der Arbeitsleistung handeln sollte.

32. Welche Voraussetzungen gelten bei außerordentlichen Kündigungen?

Die außerordentliche Kündigung hat zwei grundsätzliche Voraussetzungen. Zunächst muss für den Kündigenden ein schwerwiegender Kündigungsgrund vorliegen, welcher die Annahme rechtfertigt, dass nicht einmal die Einhaltung der ordentlichen Kündigungsfrist zumutbar ist. Zudem kann die außerordentliche Kündigung nur dann ausgesprochen werden, wenn der Kündigungsgrund nicht länger als 14 Tage dem Kündigenden bekannt ist. Bekannt ist der Grund, wenn dem Kündigenden die wesentlichen Umstände des Einzelfalles hinreichend zur Kenntnis gelangt sind, so dass sich eine verlässliche Entscheidung treffen lässt, ob eine außerordentliche Kündigung ausgesprochen werden soll oder nicht. Dies bedeutet, dass vor dem Ausspruch der Kündigung eine Überlegung dahingehend angestellt werden muss, ob der Geschehensablauf ausreichend ist, deswegen das Arbeitsverhältnis fristlos zu kündigen (siehe Frage 35). Sollte der Arbeitnehmer außerordentlich kündigen wollen, dann muss ebenfalls ein schwerwiegender Grund vorliegen. Sollte der Arbeitgeber mit einer fristlosen Eigenkündigung des Arbeitnehmers einverstanden sein, können sich trotzdem rechtliche Probleme ergeben, z. B. in Bezug auf offene Urlaubsansprüche. Alternativ kann ein Aufhebungsvertrag in Betracht gezogen werden. Dies hat den Vorteil, dass in der Vereinbarung auch die Erteilung eines qualifizierten wohlwollenden Arbeitszeugnisses geregelt werden kann, welches ungeregelt in der Praxis häufig zu Streitigkeiten führt.

33. Welche Frist gilt für die Erklärung der fristlosen Kündigung?

Sowohl der Arbeitnehmer wie auch der Arbeitgeber müssen beim Ausspruch einer außerordentlichen Kündigung den Grundsatz des § 626 Abs. 2 BGB beachten. Die Kündigung kann nur dann ausgesprochen werden, wenn der Grund dem Kündigenden nicht länger als 14 Tage bekannt ist. Daher ist in derartigen Situationen stets eine schnelle Entscheidung erforderlich, in welcher Form gekündigt werden soll.

> **Praxisbeispiel:**
> Sofern dem Arbeitgeber bekannt wird, dass einer seiner Außendienstmitarbeiter eine betrügerische Handlung zu Lasten des Arbeitgebers mit einem Schaden von etwa 1000,00 € begangen haben soll, hat er ab diesem Zeitpunkt 14 Tage Zeit fristlos zu kündigen. Überschreitet er die Frist, da dieser Außendienstmitarbeiter immer überdurchschnittliche Umsätze generierte und er länger überlegen muss, kommt nur noch eine ordentliche Kündigung in Betracht.

Sobald die Zweiwochenfrist des § 626 Abs. 2 BGB abgelaufen ist, kann die Kündigung nicht mehr als außerordentliche Kündigung ausgesprochen werden. Vor allem bei schwerwiegenden Pflichtverletzungen von Beschäftigten kann dies zu schwer vermittelbaren Ergebnissen führen. Die Frist des § 626 Abs. 2 BGB beginnt, wenn der Arbeitgeber gesicherte Kenntnis über das Vorhandensein des Kündigungsgrundes hat. Eventuell erforderliche Aufklärungen des Sachverhalts und die Anhörung des betroffenen Arbeitnehmers sind zügig durchzuführen. Das Laufen der Kündigungserklärungsfrist setzt voraus, dass der Arbeitgeber die für die Kündigung maßgeblichen Tatsachen bereits im Wesentlichen weiß und nur noch zusätzliche, ergänzende Ermittlungen erforderlich sind, wie etwa die Anhörung des Arbeitnehmers bei einer Verdachtskündigung (siehe Frage 32). Wenn es sich beim Kündigungsgrund um einen sog. »Dauertatbestand« handeln sollte, dann beginnt die Frist des § 626 Abs. 2 BGB am ersten Tag der Pflichtwidrigkeit und endet am letzten Tag der Begehung der Pflichtwidrigkeit.

34. Was bedeutet »wichtiger Grund«?

Der wichtige Grund ist die wichtigste Voraussetzung einer jeden außerordentlichen Kündigung. Er wird grundsätzlich in **zwei Stufen** geprüft. Zunächst ist festzustellen, ob das konkrete Fehlverhalten, welches zum Ausspruch einer Kündigung führen soll, von der Schwere her als ein außerordentlicher Kündigungsgrund anzuerkennen ist. Sodann erfolgt auf der zweiten Stufe die Prüfung, ob aufgrund der Schwere des Grundes nicht einmal mehr die Einhaltung der ordentlichen Kündigungsfrist zumutbar ist. Hieraus folgt, dass es so gut wie keine »absoluten« außerordentlichen Kündigungsgründe gibt. Ausnahmen bilden schwere Straftaten gegen Leib und Leben. Bei der sog. »umfassenden Interessenabwägung« sind alle Umstände des Einzelfalles mit einzubeziehen. Dabei wird geprüft wie lange das Arbeitsverhältnis bereits unbelastet bestanden hat, welche Auslöser für den Kündigungssachverhalt ausschlaggebend waren und alle sonstigen Umstände, die von Relevanz sind, aber nicht direkt oder unmittelbar mit dem Kündigungsgrund zusammenhängen. Erst wenn die umfassende Interessenabwägung zu dem Ergebnis kommt, dass die fristlose Kündigung berechtigt erscheint, endet das Arbeitsverhältnis mit dieser Feststellung.

35. Welche Beispielsfälle rechtfertigen eine fristlose Kündigung, welche lediglich eine ordentliche verhaltensbedingte Kündigung?

Viele Praxisbeispiele sind Grenzfälle zwischen fristloser und ordentlicher verhaltensbedingter Kündigung. Im Folgenden werden einige Praxisfälle aufgeführt:

- Alkoholmissbrauch, Suchtmittelerkrankungen etc. (beruht eine Pflichtverletzung wegen Alkoholisierung im Betrieb nicht auf einer krankhaften Alkoholabhängigkeit, kommt im Regelfall nach erfolgloser Abmahnung eine verhaltensbedingte Kündigung in Betracht; alkoholbedingte und suchtmittelbedingte Schlecht- oder Minderleistungen rechtfertigen die verhaltensbedingte Kündigung, wenn die sonstigen Voraussetzungen gegeben sind)
- Wille des Arbeitnehmers, sich vom Arbeitsplatz abzuwenden (ausnahmsweise liegt ein Kündigungsgrund vor, wenn besondere Umstände hinzukommen, etwa der Aufbau eines Konkurrenzunternehmens und die Abwerbung von Kunden sowie Arbeitnehmern)
- Anzeigen und Verdächtigung gegen den Arbeitgeber (sind immer nur dann ein verhaltensbedingter Kündigungsgrund, wenn Arbeitnehmer vorher nicht den Versuch unternommen haben, den Arbeitgeber von der gesetzwidrigen Handlungsweise abzubringen; bei wesentlichen Störungen des Vertrauensbereichs kann ausnahmsweise eine außerordentliche Kündigung in Betracht kommen)
- Arbeitspflichtverletzungen – Nichterbringung oder Schlechtleistung der Arbeitsleistung (zumeist nur verhaltensbedingter ordentlichen Kündigungsgrund, wenn sie rechtswidrig und schuldhaft begangen wurden; ein außerordentlicher Kündigungsgrund liegt nur bei besonderer Schwere und Dauer vor)
- Arbeitszeiterfassung (betrügerisches Verhalten bei Arbeitszeitaufzeichnungen begründet eine außerordentliche Kündigung des Arbeitsverhältnisses)
- Außerdienstliches Verhalten; Störung des Betriebsfriedens (eine extreme, verfassungs- oder grundrechtsfeindliche politische Tätigkeit eines Arbeitnehmers kann durchaus die kündigungsrechtliche Relevanz des Verhaltens erfüllen; bei erheblichen Störungen des Betriebsfriedens kommt zumeist ein außerordentlicher Kündigungsgrund in Betracht)

- Beleidigungen, Auseinandersetzungen, sexuelle Belästigungen (je nach der Schwere liegt ein ordentlicher oder außerordentlicher Kündigungsgrund vor; sexuelle Belästigungen am Arbeitsplatz sind stets nach § 7 Abs. 3 AGG eine Verletzung der vertraglichen Pflichten des Arbeitnehmers)
- Betriebsbedingte Gründe (ein außerordentlicher Kündigungsgrund liegt nur in seltenen Ausnahmefällen vor, z. B. wenn ein Arbeitsverhältnis nicht mehr ordentlich kündbar sein sollte)
- Diebstahl, Unterschlagung, sonstige Vermögensdelikte (sie stellen eine erhebliche Störung im Vertrauensbereich dar und bilden somit einen außerordentlichen Kündigungsgrund; in Einzelfällen kann ggf. noch eine ordentliche verhaltensbedingte Kündigung ausgesprochen werden)
- Ehrlichkeit des Arbeitnehmers, Ausnahme von unberechtigten Vorteilen (Annahme von Bestechungsgeldern oder sonstige unberechtigte Vorteile im Arbeitsverhältnis liefern Kündigungsgründe für eine verhaltensbedingte ordentliche Kündigung, in schweren Einzelfällen kommt auch eine außerordentliche Kündigung in Betracht)
- Erfolgslosigkeit der Arbeitsleistung – »low performer« (nur in Ausnahmefällen ein verhaltensbedingter ordentlicher Kündigungsgrund; ein fristloser Kündigungsgrund scheidet zumeist aus)
- Illoyales Verhalten gegenüber dem Arbeitgeber (kann einen außerordentlichen Kündigungsgrund rechtfertigen; hier ist vorrangig maßgeblich, inwieweit der Arbeitnehmer im Arbeitsverhältnis zur Wahrung der Loyalitätspflichten verpflichtet ist)
- Krankheit – lange andauernde (zumeist kein außerordentlicher Kündigungsgrund; in diesen Situationen kommt lediglich eine personenbedingte ordentliche Kündigung in Betracht)
- Krankheit – Erschleichen von Zeiten der Arbeitsunfähigkeit (schwerwiegende Störung im Vertrauensbereich; rechtfertigt die verhaltensbedingte ordentliche Kündigung und zumeist auch eine fristlose Kündigung)
- Mobbing (Mobbinghandlungen gegen Arbeitskollegen stellen einen verhaltensbedingten ordentlichen Kündigungsgrund dar; in extremen Fällen liegt auch ein außerordentlicher Kündigungsgrund vor)
- Konkurrenztätigkeiten (erhebliche Pflichtverletzung, die an sich als außerordentlicher Kündigungsgrund geeignet ist)

- Unerlaubte Nutzung von Arbeitgebergegenständen zu Privatzwecken (sofern eine private Nutzung vom Arbeitgeber genehmigt wurde, kann eine Kündigung nur in Betracht kommen, wenn die Nutzung in einem Ausmaß erfolgt, bei dem der Arbeitnehmer nicht davon ausgehen kann, dass der Arbeitgeber damit einverstanden ist; dann kommt nur eine verhaltensbedingte ordentliche Kündigung in Betracht)
- Untersuchungshaft/Strafhaft (kann je nach den Umständen des Einzelfalls einen außerordentlichen personenbedingten Kündigungsgrund darstellen; Voraussetzung ist, dass der Arbeitnehmer aller Voraussicht nach für eine verhältnismäßig erhebliche Zeit nicht in der Lage sein wird, die Arbeitsleistungen zu erfüllen)
- Urlaubsnahme ohne Genehmigung (kann in extremen Fällen einen außerordentlichen Kündigungsgrund darstellen; ansonsten stellt sie einen verhaltensbedingten ordentlichen Kündigungsgrund dar)
- Zeugenaussagen gegen den Arbeitgeber (kein Kündigungsgrund, wenn in einem gerichtlichen oder verwaltungsmäßigen Verfahren hierzu eine Verpflichtung besteht)

36. Kann auch der Arbeitnehmer außerordentlich kündigen?

Der Arbeitnehmer kann bei entsprechendem Kündigungsgrund ebenfalls außerordentlich kündigen. Während allerdings die ordentliche arbeitnehmerseitige (Eigen-)Kündigung des Arbeitsverhältnisses unter Einhaltung der maßgebliche Kündigungsfrist niemals eines Grundes bedarf, muss für die sofortige Beendigung des Arbeitsverhältnisses durch den Arbeitnehmer immer ein Grund im Sinne des § 626 Abs. 1 BGB gegeben sein. Ansonsten begeht der Arbeitnehmer eine Vertragspflichtverletzung und könnte sich gegenüber seinem Arbeitgeber schadensersatzpflichtig machen. In der Praxis gibt es nur wenige Fälle für derartige Kündigungsgründe.

Praxisbeispiel:
Ein nachhaltiger Zahlungsverzug kann bei finanziellen Lohnausständen als außerordentlicher Kündigungsgrund in Betracht kommen. Sexuelle Belästigungen am Arbeitsplatz oder ähnliche Verhaltensweisen des Arbeitgebers können ebenfalls einen außerordentlichen Kündigungsgrund auslösen.

In Zweifelsfällen ist in derartigen Situationen dem Arbeitnehmer anzuraten, mit dem Arbeitgeber darüber zu sprechen und klarzumachen, dass die Situation nicht hingenommen werden kann sowie eine zeitnahe Beendigung des Arbeitsverhältnisses gewünscht wird. Das hat den Vorteil, dass beim Abschluss eines Aufhebungsvertrags, der noch zu gewährende Urlaub und ggf. die vorhandenen Überstunden berücksichtigt werden können sowie ein Beendigungsdatum zum Monatsschluss oder zum 15. eines Monats vereinbart wird. So lassen sich bei künftigen Arbeitgebern Rückschlüsse auf eine außerordentliche Beendigung des Arbeitsverhältnisses vermeiden.

37. Was ist eine verhaltensbedingte fristlose Kündigung?

Eine verhaltensbedingte fristlose Kündigung kommt für den Arbeitgeber nur dann in Betracht, wenn vom Arbeitnehmer eine Pflichtwidrigkeit begangen wurde, die so schwerwiegend ist, dass nicht einmal die Einhaltung der ordentlichen Kündigungsfrist in Betracht kommt (§ 626 Abs. 1 BGB). Daher erfordert diese Kündigung zum einen immer eine sehr schwerwiegende Vertragspflichtverletzung (siehe Frage 32) und zum anderen eine umfassende Interessenabwägung, dass dem Arbeitgeber nicht einmal die Einhaltung der ordentlichen Kündigungsfrist zumutbar war. Die vorzunehmende umfassende Interessenabwägung hängt immer von den konkreten Situationen des Einzelfalles ab. Bei ihr sind regelmäßig folgende Umstände von Relevanz:

- Welche betrieblichen Auswirkungen hat die begangene arbeitsrechtliche Pflichtverletzung?
- Hat das Arbeitsverhältnis bereits eine erhebliche Zeit beanstandungsfrei bestanden?
- Sind während der Dauer des Arbeitsverhältnisses bereits Situationen aufgetreten, bei denen eine erhebliche Störung des Vertrauensverhältnisses angenommen werden muss?
- Kann ein einmaliger Vorfall tatsächlich die Relevanz als außerordentlicher Kündigungsgrund haben oder ist dies nicht der Fall?
- Liegen irgendwelche Anhaltspunkte dafür vor, dass trotz der Relevanz des Kündigungsgrundes das Fehlverhalten wegen der besonderen Um-

stände des Einzelfalles als weniger schwerwiegend angesehen werden muss?
- Wie ist die Schwere des Verschuldens im konkreten Fall einzuordnen?

In **formeller Hinsicht** ist nach § 626 Abs. 2 BGB fernerhin Wirksamkeitsvoraussetzung, dass dem Arbeitgeber der Kündigungsgrund oder die Gründe der Kündigung, nicht länger als 14 Tage bekannt sind. Sollte die Frist abgelaufen sein, kann eine außerordentliche Kündigung nicht mehr ausgesprochen werden. Bei mehreren verschiedenen Kündigungsgründen kann es auch so sein, dass sie teilweise nicht mehr wegen des Ablaufs der Zweiwochenfrist verwertbar sind. Wegen derartiger Gründe kann dann der Arbeitgeber nur noch ordentlich verhaltensbedingt kündigen.

38. Welche Bedeutung haben Abmahnungen?

Die Erforderlichkeit einer einschlägigen vorherigen Abmahnung, bevor der Arbeitgeber eine verhaltensbedingte Kündigung ausspricht, betrifft in erster Linie den sogenannten »Leistungsbereich«, also die ordnungsgemäße Erbringung der Arbeitstätigkeit. Fristlose Kündigungsgründe des Arbeitgebers liegen allerdings vorwiegend im Vertrauensbereich, weil bei derartigen Pflichtwidrigkeiten regelmäßig zu vermuten ist, dass das Vertrauensverhältnis damit vollständig zerstört ist. Zwar sind im Einzelfall Ausnahmen möglich, grundsätzlich ist allerdings davon auszugehen, dass bei Störungen im Vertrauensbereich nur ganz ausnahmsweise eine vorherige Abmahnung vor Ausspruch der Kündigung nötig ist. Wenn bei Ausspruch einer Abmahnung anzunehmen wäre, dass das Fehlverhalten künftig nicht mehr auftritt, liegt keine vollständige Zerstörung des Vertrauensverhältnisses vor. Ansonsten gilt der Grundsatz, dass bei schwerwiegenden Störungen im Vertrauensbereich vor Ausspruch der außerordentlichen Kündigung keine vorherige einschlägige Abmahnung erforderlich ist, welche in etwa dieselbe Pflichtwidrigkeit betrifft.

39. Was ist bei Verdachtskündigungen zu beachten?

Sofern der Verdacht einer schwerwiegenden Pflichtwidrigkeit durch den Arbeitnehmer, besteht, kann auch eine Verdachtskündigung als außerordentliche Kündigung ausgesprochen werden. Dann ist der Kündigungsgrund nicht die behauptete Begehung der Tat, sondern der konkrete Tatverdacht. Dieser muss so schwerwiegend sein, dass die Fortsetzung des Arbeitsverhältnisses nicht einmal bis zum Ablauf der Kündigungsfrist als zumutbar erscheint. Die Verdachtskündigung hat die grundsätzliche Problematik, dass es um nicht sicher nachweisbare Vertragspflichtverletzungen (zumeist im Vertrauensbereich) geht. Es kann daher nicht ausgeschlossen werden, dass zwar der Verdacht besteht, aber nicht objektiv feststeht, ob die Vertragspflichtverletzung tatsächlich vom Arbeitnehmer begangen wurde. Um zu vermeiden, dass der Arbeitnehmer den Arbeitsplatz fristlos verliert, kann eine Verdachtskündigung vom Arbeitgeber immer nur dann in wirksamer Weise ausgesprochen werden, wenn der sog. »hinreichende Tatverdacht« in Bezug auf die Begehung besteht. Das ist je nach Einzelfall äußerst schwierig.

Praxisbeispiel:
In einem Einzelhandelsunternehmen ist ein hochpreisiger Mantel abhandengekommen. Es gibt eine verdächtigte Arbeitnehmerin, welche die passende Kleidergröße des fehlenden Mantels hat. Sie bestreitet jedoch die Begehung der Tat vehement und es gibt keine Zeugen für den Diebstahl. Es kann zudem nicht ausgeschlossen werden, dass das Abhandenkommen auf einen Kundendiebstahl zurückzuführen ist, weil am gleichen Tag eine deaktivierte/zerstörte Warensicherung aufgefunden wurde. Hier den hinreichenden Tatverdacht objektiv einzuschätzen, dürfte nahezu unmöglich sein und sich wohl auf nicht verifizierbare Spekulationen beschränken.

In **formeller Hinsicht** muss der Arbeitgeber vor jeder Verdachtskündigung eine Anhörung des verdächtigten Beschäftigten durchführen. Fehlt die Anhörung oder wurde sie nicht wirksam durchgeführt, ist die Verdachtskündigung unwirksam. Dann bleibt dem Arbeitgeber nur der konkrete Nachweis der Tat als Kündigungsgrund. Wenn die Tat nicht erweislich sein sollte, scheitert eine Kündigung. Das Anhörungsverfahren ist nur dann fehlerfrei durchgeführt, wenn der Arbeitnehmer mit der vom Arbeitgeber angenommenen Tat konfrontiert wird, was erfordert, dass ihm die wesentlichen Punkte des bestehenden Verdachts vorgehalten und ggf. auch erklärt werden sowie ihm sodann die Möglichkeit der Stellungnahme gegeben wird. Grundsätzlich soll die Anhörung vertraulich stattfinden, bei Bedarf kann der Arbeitnehmer aber eine Vertrauensperson oder eine bevollmächtigte anwaltschaftliche/gewerkschaftliche Vertretung beteiligen. Gegen die Anwesenheit eines Betriebsratsmitglieds beim Anhörungsgespräch bestehen im Allgemeinen keine Bedenken. Ein wesentlicher Punkt im Anhörungsverfahren ist der Umstand, dass der Arbeitgeber beim Gespräch die maßgeblichen Punkte seines Verdachts mitteilen muss. Das hat immer so zu geschehen, dass sog. »Zufallsfunde« ausgeschlossen sind.

Praxisbeispiel:
Wenn im obigen Beispielsfall der Arbeitgeber beim Verdacht nicht angibt, dass es um einen abhanden gekommenen Mantel geht, sondern nur von »Fehlbeständen« im Verkaufsbereich die Rede ist, dann könnte es sein, dass die verdächtigte Beschäftigte zufällig eine private Geldentnahme aus der Kasse in der Höhe von 20 € von vor einigen Tagen zugibt, weil sie an diesem Tage kein Geld für ihr Mittagsessen dabei hatte. Intern ist geregelt, dass in diesen Fällen am Folgetag der Geldbetrag der Kasse zurückzuführen ist. Das ist hier aber unterblieben. Die Arbeitnehmerin könnte sich veranlasst sehen, bei der Anhörung den Vorfall zu berichten und dadurch dem Arbeitgeber eine Information mitzuteilen, von dessen Vorfall er bisher gar nichts wusste. Um dies zu vermeiden, muss bei der Anhörung eindeutig mitgeteilt werden, was präzise der Vorwurf der Vertragspflichtverletzung ist.

40. Welche Folgen hat eine unwirksame außerordentliche Kündigung?

Sowohl bei der arbeitgeberseitigen fristlosen Kündigung wie auch bei der arbeitnehmerseitigen besteht dann, wenn die Kündigung nicht wirksam sein sollte, das Arbeitsverhältnis in rechtlicher Hinsicht fort. Bei der unwirksamen arbeitnehmerseitigen fristlosen Kündigung hat das zur Folge, dass der Arbeitnehmer eigentlich weiterarbeiten hätte müssen, dies aber nicht geschehen ist. Dies stellt gegenüber dem Arbeitgeber eine Vertragspflichtverletzung dar, die ihn berechtigt, seinerseits wegen Arbeitsverweigerung fristlos zu kündigen. Um diese Streitigkeiten zu vermeiden, ist anzuraten, dass sich beide Seiten dann auf die Modalitäten einer einvernehmlichen Beendigung des Arbeitsverhältnisses durch Aufhebungsvertrag einigen. Bei arbeitgeberseitigen fristlosen Kündigungen besteht das Arbeitsverhältnis ebenfalls bis auf Weiteres fort. Weil in derartigen Situationen der Arbeitnehmer sehr selten weiterbeschäftigt wird, kommt der Arbeitgeber in Annahmeverzug nach § 615 S. 1 BGB hinsichtlich der Vergütungszahlung, geschuldet ist dann nach wie vor die bisherige Vergütung. Nur ausnahmsweise kann die Annahme der Arbeitsleistung dem Arbeitgeber unzumutbar sein, dies setzt aber eine Situation voraus, dass der Arbeitgeber die fristlose Kündigung wegen § 626 Abs. 2 BGB nicht wirksam aussprechen konnte, aber eine gravierende Pflichtwidrigkeit des Arbeitnehmers durchaus besteht. In solchen in der Praxis doch eher seltenen Situationen kann dann die Annahme der Arbeitsleistung im Einzelfall dem Arbeitgeber unzumutbar sein, so dass er nicht in Annahmeverzug gerät.

E. Kündigungsschutzgesetz

41. Wer ist durch das KSchG geschützt?

Nach dem persönlichen und fachlichen Anwendungsbereich des KSchG unterfallen diesem Kündigungsschutz Beschäftigte, die seit länger als sechs Monaten tätig sind und in einem Betrieb mit regelmäßig mehr als 10 Beschäftigten (§§ 1 Abs. 1, 23 Abs. 1 KSchG) arbeiten. Dabei muss taggenau bestimmt werden, ob der Arbeitnehmer bereits länger als sechs Monate tätig war. Maßgeblich ist bei der Berechnung immer der Tag des rechtlichen Beginns des Arbeitsverhältnisses und der Tag des Zugangs der Kündigung. »Länger als sechs Monate« bedeutet sechs Monate und mindestens einen weiteren Tag. Ob während dieser »Wartezeit« Unterbrechungen schädlich sind oder nicht hängt von den Umständen des Einzelfalls ab. Zum einen aus welchen Gründen die Unterbrechung veranlasst wurde und zum anderen wie lange sie angedauert hat.

> **Praxisbeispiel:**
> Wenn etwa vier Monaten nach Einstellung in einem Produktionsbetrieb eine Maschine defekt ist und während der Reparaturzeit von vier Wochen das Arbeitsverhältnis unterbrochen wird, werden die Zeiten zusammengerechnet, denn der Anlass für diese Maßnahme stammt aus der Sphäre des Arbeitgebers.

Anders wäre es, wenn auf Wunsch des Arbeitnehmers, das Arbeitsverhältnis für drei Monate unterbrochen wird und sodann eine Wiedereinstellung erfolgt. Eine derartige nach dem Willen des Beschäftigten vorgenommene Unterbrechung ist in diesen Situationen zumeist schädlich für die Anrechnung der bisherigen Beschäftigungszeit. Die Zeiten vor der Unterbrechung werden dann nicht bei der Wartezeit des KSchG mit eingerechnet. Bei Unterbrechungen des Arbeitsverhältnisses, welche in die

Betriebsrisikosphäre des Arbeitgebers fallen, ist es ratsam sich diesen Umstand vom Arbeitgeber schriftlich bestätigen zu lassen. Eine für den Arbeitnehmer problematische Situation kann in der Praxis entstehen, wenn er seit etwa 10 Jahren in einem Betrieb war, der bezüglich seiner Größe dem KSchG unterfällt. Aufgrund diverser »Frustrationen am Arbeitsplatz«, mit der Arbeit und auch mit einigen Kollegen, entschließt er sich kurzfristig, sich selbständig zu machen. Der Arbeitgeber hat dafür Verständnis und schließt mit ihm wunschgemäß einen Aufhebungsvertrag. Der Beschäftigte macht sich dann selbständig, allerdings stellt sich hier der geschäftliche Erfolg nicht so richtig ein. Nach drei Monaten möchte er am liebsten wieder zum bisherigen Arbeitgeber zurück. Der Arbeitgeber möchte ihn gerne wieder einstellen, kniffelig wird aber die Frage, ob die bisherige Betriebszugehörigkeit angerechnet wird. Weil die Unterbrechung auf Wunsch des Arbeitnehmers erfolgte, wäre sie schädlich und die Betriebszugehörigkeit einschließlich der Wartezeit für die Anwendbarkeit des KSchG beginnen wieder von vorne, es sei denn die bisherigen Zeiten werden bei der Wiedereinstellung ausdrücklich angerechnet. Ob das in derartigen Situationen gefordert werden sollte, ist fraglich – ratsam wäre es auf jeden Fall, problematisch ist allerdings, wie der Arbeitgeber auf diese »Anregung« reagiert. Hier sollte in der Umsetzung behutsam und vorsichtig verhandlungsmäßig vorgegangen werden, um das gewünschte Ziel zu erreichen. Verpflichtet zur Anrechnung ist der Arbeitgeber nicht.
Der fachliche Anwendungsbereich des KSchG ist vom Gesetzgeber so geregelt worden, dass seit dem 1. 1. 2004 ein Betrieb unter den Geltungsbereich des KSchG fällt, wenn er mehr als 10 Arbeitnehmer beschäftigt, wobei die Zahl der Arbeitnehmer nach dem Zählfaktor bestimmt wird, bis zur Halbtagsbeschäftigung zählt der Arbeitsplatz mit 0,5, bis zur Beschäftigung mit 75 % der regulären vollen Arbeitszeit mit 0,75 und darüber mit 1,0. Maßgeblich ist hier die Zahl der regulär im Betrieb Beschäftigten, wobei es auch so sein kann, dass auf den einen oder anderen Arbeitsplatz sich regelmäßig ein Verleiharbeitnehmer befindet. Nur gelegentlich und unregelmäßig tätige Personen aus der Arbeitnehmerüberlassung zählen allerdings nicht, weil es auf den regulären Beschäftigtenstand ankommt. Die Frage, ob eine Verleiharbeitnehmer mitzählt oder nicht muss daher danach beurteilt werden, ob es sich hierbei um einen regulären betrieblichen Arbeitsplatz handelt oder nur eine vorübergehenden Beschäftigungsmaßnahme vorliegt.

42. Was bedeutet »sozial ungerechtfertigte Kündigung«?

Der Begriff der sozialen Rechtfertigung erfasst alle Kündigungen, welche dem persönlichen und fachlichen Geltungsbereich des KSchG unterfallen und die in der Form einer ordentlichen Kündigung vom Arbeitgeber ausgesprochen werden. Der Begriff der sozialen Rechtfertigung umschreibt den Prüfungsmaßstab des KSchG. Es ist aber auch möglich, dass eine Kündigung innerhalb des Anwendungsbereichs des KSchG aus anderen Gründen rechtsunwirksam ist, beispielsweise weil bei einem zu kündigenden Schwerbehinderten die erforderliche vorherige Zustimmung des Integrationsamts/Inklusionsamt nicht eingeholt wurde. Dann ist die Kündigung bereits wegen eines Gesetzesverstoßes außerhalb des KSchG rechtsunwirksam. Ob sie nach dem KSchG ebenfalls unwirksam ist, kann dann in der Praxis zumeist dahingestellt bleiben. Der Prüfungsmaßstab des KSchG und derjenige eines gesetzlichen Unwirksamkeitsgrundes können sich somit auch überlagern und beide Unwirksamkeitsgründe liegen dann vor. Ein weiterer gesetzlicher Unwirksamkeitsgrund einer Kündigung ist anzunehmen, wenn im Betrieb ein Betriebsrat vorhanden ist, und dieser nicht ordnungsgemäß nach § 102 Abs. 1 BetrVG vor Ausspruch der Kündigung angehört wurde. Die Nichteinhaltung der im Einzelfall maßgeblichen gesetzlichen, vertraglichen oder tariflichen Kündigungsfrist durch den Arbeitgeber ist hingegen kein Fall der Unwirksamkeit einer Kündigung. Hier wurde lediglich vom Arbeitgeber ein falsches Beendigungsdatum angenommen. Die Kündigung gilt dann zumindest als mit der einzuhaltenden Kündigungsfrist ausgesprochen. Ob materiell-rechtlich ein anderer Unwirksamkeitsgrund vorliegen sollte ist dann im Einzelfall zu prüfen.

43. Was ist ein Kleinstbetrieb im Sinne des KSchG?

In den sog. Kleinstbetrieben findet der Prüfungsmaßstab des KSchG keine Anwendung. Daher ist die Klärung der Frage, wann ein derartiger Kleinstbetrieb vorliegt, mitunter in der Praxis von erheblicher Bedeutung. In diesem Bereich kommt es immer wieder vor, dass ein Arbeitgeber mit der Gründung mehrerer Betriebe den Versuch unternehmen will, aus dem fachlichen Anwendungsbereich des KSchG herauszukommen. Hierzu vertritt die Rechtsprechung den Standpunkt, wenn dies rechtsmissbräuchlich erfolgen sollte, dennoch das KSchG anwendbar ist.

Praxisbeispiel:
Ein Rechtsmissbrauch ist anzunehmen, wenn ein Arbeitgeber für einen Reinigungsbetrieb mit ca. 40 Beschäftigten, welche überwiegend in Vollzeit tätig sind, insgesamt vier GmbHs gründet, bei denen er jeweils der alleinige Geschäftsführer ist. Die Betriebe werden einheitlich von ihm geleitet und bei den Beschäftigten geht er so vor, dass jede GmbH insgesamt maximal neun Arbeitnehmer nach dem Zählfaktor des KSchG hat. Da diese vier Gesellschaften unter einer einheitlichen Leitung stehen, wird in derartigen Fällen ein einheitlicher Betrieb angenommen. Bestätigt wird dies zumeist in der Praxis damit, dass alle Gesellschaften nicht nur den oder dieselben Geschäftsführer haben, sondern auch dieselbe Adresse und eine für alle Betriebe zuständige Firmenverwaltung einschließlich der Personalverwaltung.

Für kleinere Betriebe, die es schon seit Jahrzehnten im Wesentlichen unverändert geben sollte, ist darauf hinzuweisen, dass bis zum 31.12.2003 der Anwendungsbereich des KSchG bei mehr als fünf Arbeitnehmern, gerechnet nach Kopfzahlen, maßgeblich war. Diese Betriebe bleiben, solange sie existieren und nicht unter die Zahl von sechs Beschäftigten fallen, im Anwendungsbereich des KSchG, auch wenn sie nicht die Arbeitnehmerzahl des Zählfaktors 10,25 Arbeitnehmer beim Beschäftigtenstand erreichen werden.

44. Welche Arbeitnehmergruppen genießen besonderen Kündigungsschutz?

Eine Reihe von Arbeitnehmergruppen ist durch einen besonderen Kündigungsschutz geschützt. Entweder kann nur mit Zustimmung einer staatlichen Stelle wirksam eine Kündigung ausgesprochen werden oder es ist die Zustimmung des Betriebs-/Personalrats erforderlich. Vereinzelt müssen auch noch weitere Voraussetzungen erfüllt sein. Bei diesem Personenkreis kommt dann entweder ein zusätzlicher Kündigungsschutz zu den Bestimmungen des KSchG hinzu oder der Kündigungsschutz ist so ausgestaltet, dass eine ordentliche Kündigung nicht in Betracht kommen kann. Die wichtigsten Gruppen sind folgende:

- **Schwerbehinderte(zur Gleichstellung siehe § 2 Abs. 3 SGB IX):** Bei schwerbehinderten Arbeitnehmern mit einem Gesamtgrad der Behinderung von 50 und mehr, die seit über sechs Monaten im Betrieb sind, bedarf die ordentliche Kündigung nach § 168 SGB IX der vorherigen Zustimmung des Integrationsamts/Inklusionsamts. Die Entscheidung hierüber ergeht durch einen behördlichen Verwaltungsakt. Wenn diese Zustimmung durch den Arbeitnehmer nicht eingeholt werden sollte, ist die Kündigung wegen Gesetzesverstoßes unwirksam und auf die Frage, ob ein Grund für den Ausspruch der ordentlichen Kündigung nach dem KSchG vorgelegen hat, kommt es dann nicht mehr an. Eine Ausnahme hiervon gilt dann, wenn der Schwerbehinderte das 58. Lebensjahr zum Zeitpunkt des Ausspruchs der Kündigung schon vollendet hat und ihm eine Abfindung oder eine ähnliche Leistung aus einem Sozialplan zustehen sollte. Bei einer außerordentlichen Kündigung des Schwerbehinderten muss der Arbeitgeber nach § 174 Abs. 2 SGB IX die behördliche Zustimmung innerhalb von zwei Wochen beantragen. Die Frist ist also genauso lange wie die des § 626 Abs. 2 BGB bei der fristlosen Kündigung.
- **Schwangere:** Unzulässig ist die Kündigung gegenüber einer Schwangeren während der Schwangerschaft, bis zum Ablauf einer Frist von vier Monaten nach einer Fehlgeburt nach der 12. Schwangerschaftswoche und bis zum Ende ihrer Schutzfrist nach der Entbindung, sowie mindestens bis zum Ablauf von vier Monaten nach der Entbindung (§ 17 Abs. 1 MuSchG), wenn dem Arbeitgeber zum Zeitpunkt der Kündigung die Schwangerschaft, die Fehlgeburt nach der 12. Schwangerschaftswoche oder die Entbindung bekannt ist oder wenn ihm dies innerhalb von zwei Wochen nach der Kündigung mitgeteilt wird. Die Kündigung muss in diesem Fällen nicht nur schriftlich sein, sondern auch eine Begründung enthalten. Auf Antrag des Arbeitgebers kann die zuständige staatliche Stelle (Gewerbeaufsicht) die Zustimmung zur Kündigung ersetzen, indem die Kündigung für zulässig erklärt wird. Auch diese Entscheidung ist ein staatlicher Verwaltungsakt.
- **Betriebs- und Personalratsmitglieder, Mitarbeitervertretungsmitglieder, Bordvertretungen und Seebetriebsrat, Jugend- und Auszubildendenvertretungsmitglieder, Wahlvorstände und Wahlbewerber:** Dieser Personenkreis hat einen besonderen Kündigungsschutz. Eine Kündigung kann vom Arbeitgeber nur außerordentlich ausgesprochen

werden und auch nur dann, wenn entweder das Arbeitnehmervertretungsorgan der beabsichtigten Kündigung zustimmen sollte oder auf Antrag des Arbeitsgers eine nicht erteilte Zustimmung vom Arbeitsgericht ersetzt wird. Für Versetzungen, welche zum Verlust des Amts führen würden, gilt dies ebenfalls, es sei denn, der betroffene Arbeitnehmer ist mit der Maßnahme einverstanden.

- **Datenschutzbeauftragte:** Die Kündigung des Arbeitsverhältnisses eines Datenschutzbeauftragten ist nach § 6 Abs. 4 S. 2 BDSG unzulässig, es sei denn, dass Tatsachen vorliegen sollten, welche einen außerordentlichen Kündigungsgrund darstellen sollten. Diese Beschäftigten können daher lediglich fristlos beim Vorliegen eines solchen Grundes im Sinne des § 626 Abs. 1 BGB gekündigt werden.
- **Kündigungseinschränkungen im öffentlichen Dienstrecht:** Im öffentlichen Dienstrecht bei Bundesangestellten, denen von Ländern und nachgeordneten Dienststellen und Gemeinden gelten einige Abweichungen. Die Kündigungsfristen sind gegenüber denjenigen des § 622 BGB länger ausgestaltet. Bei einer Beschäftigungsdauer von über 12 Jahren sind dies etwa sechs Monate zum Schluss eines Kalendervierteljahres. Arbeitsverhältnisse von angestellten Beschäftigten, die das 40. Lebensjahr vollendet haben, können nach einer Beschäftigungszeit von mehr als fünfzehn Jahren durch den Arbeitgeber nur aus wichtigem Grund (Verweis auf die Norm des § 626 Abs. 1 BGB) gekündigt werden.

45. Welche Voraussetzungen gelten für eine »betriebsbedingte Kündigung«?

Zunächst muss die Kündigungsmaßnahme des Arbeitgebers aus betrieblichen Gründen veranlasst sein. Das können interne oder externe Faktoren sein, welche eine Verringerung der Arbeitsleistung mit sich bringen und aus der Sicht des Arbeitgebers zum Verlust des Arbeitsplatzes oder der jeweils betroffenen Arbeitsplätze führen. Die Freiheit der unternehmerischen Entscheidung erlaubt es dem Arbeitgeber, ohne gerichtliche Kontrolle darüber zu entscheiden, ob er konkret davon betroffene Produktionen oder Dienstleistungen weiter aufrechterhalten will oder ob er sich dazu entschließt, diese aufzugeben oder zu verlagern. Die Maßnahme ist nur auf ein willkürliches Verhalten hin zu überprüfen, welches in der

Praxis aber nur in seltenen Fällen angenommen werden kann. Die Rechtsprechung der Arbeitsgerichte geht hier vom Grundsatz der freien Unternehmerentscheidung bei der Überprüfung von betriebsbedingten Kündigungen aus. Dieser bedeutet, dass die Gerichte nicht dazu berechtigt sind, die unternehmerische Entscheidung (etwa Rationalisierungsmaßnahmen auszuführen) auf ihre Zweckmäßigkeit und Notwendigkeit hin zu überprüfen. Organisatorische, technische und wirtschaftliche Unternehmerentscheidungen, welche sich konkret nachteilig auf die Einsatzmöglichkeit des gekündigten Arbeitnehmers auswirken, sind hiervon erfasst. Durch die Maßnahme muss konkret innerhalb der Tätigkeiten, in denen der Arbeitnehmer arbeitet, der Arbeitsplatz wegfallen. Die Kündigung muss dabei die Grundsätze der Sozialauswahl beachten. Das bedeutet, dass dann, wenn mehrere vergleichbare Arbeitnehmer vorhanden sind, demjenigen zu kündigen ist, welcher den geringsten sozialen Schutz aufweist. Aus der Gruppe der vergleichbaren Arbeitnehmer können diejenigen Beschäftigten herausgenommen werden, welche besondere Kenntnisse, Fähigkeiten oder Leistungen aufweisen oder deren Verbleib im Betrieb zur Aufrechterhaltung der Altersstruktur erforderlich ist. Innerhalb der in etwa gleich sozial schutzbedürftigen Personengruppe hat der Arbeitgeber einen gewissen Beurteilungsspielraum, wen er kündigen möchte. Der Arbeitgeber hat die Möglichkeit, bestimmte vergleichbare Arbeitnehmer, deren Weiterbeschäftigung aufgrund der in § 1 Abs. 3 S. 2 KSchG genannten Gründe in einem berechtigten betrieblichen Interesse liegt, aus dem Personenkreis herauszunehmen. Die Gründe für die Herausnahme bestimmter Arbeitnehmer wegen ihrer Kenntnisse, Fähigkeiten und Leistungen oder zur Sicherung einer ausgewogenen Personalstruktur müssen vom Arbeitgeber konkret dargelegt werden können, sonst kann diese Maßnahme nicht umgesetzt werden. Unter diesen Begriff fallen Gründe, welche der Aufrechterhaltung der technischen Arbeitsabläufe dienen. Die **Notwendigkeit zur Weiterbeschäftigung** bestimmter Arbeitnehmer kann sich auch daraus ergeben, dass diese Arbeitnehmer aufgrund einer erhöhten fachlichen Qualifikation für Arbeiten mit besonderen Anforderungsprofilen zur Verfügung stehen müssen. Die beiden wesentlichen Prüfungspunkte bei der Beurteilung der Frage, ob eine betriebsbedingte Kündigung wirksam ist, sind daher der Wegfall des konkreten Arbeitsplatzes und die korrekte Durchführung der Sozialauswahl. Es müssen die Person/die Personen ausgewählt werden, welche den geringsten sozialen

Schutz nach den Kriterien der Betriebszugehörigkeit, des Lebensalters, der Unterhaltspflichten und ggf. einer bestehenden Schwerbehinderteneigenschaft haben. Bei Arbeitnehmern, deren soziale Daten eng zusammenliegen, hat der Arbeitgeber ein gewisses Auswahlermessen. Eine umfassende Interessenabwägung wird bei der betriebsbedingten Kündigung nicht durchgeführt.

46. Was bedeutet »personenbedingte Kündigung«?

Die personenbedingte ordentliche Kündigung ist der Oberbegriff für alle ordentlichen Kündigungsarten, bei denen der Grund in der Person des Arbeitnehmers liegt. In der Praxis haben krankheitsbedingte Gründe die größte Bedeutung, es können aber auch objektive Leistungsmängel bei der Erbringung der Arbeit sein (sog. »low performer«) oder sonstige Gründe, die nicht im Verhalten liegen. Fernhin können Gründe in Betracht kommen, die die Eignung des Arbeitnehmers für die zu erbringende Arbeitsleistung in Zweifel stellen. Problematisch erweisen sich Fälle mit fehlenden Erfolgen bei der Arbeitsleistung, beispielsweise beim Umsatz (etwa im Außendienst) sowie im kreativen oder quantitativen Bereich. Da der Arbeitnehmer grundsätzlich nicht den Erfolg seiner Arbeit schuldet, sondern lediglich deren Erbringung, ist im Allgemeinen eine durchschnittliche Arbeitsleistung, ausreichend. Bei sichtbar schwindendem Erfolg der Arbeitsleistung ist immer zu klären, ob ein Fehlverhalten der Grund ist (dann ist der Bereich der verhaltensbedingten Kündigung maßgeblich) oder ob der Arbeitnehmer so gut arbeitet, wie er kann, aber der vom Arbeitgeber gewünschte Erfolg sich nicht in vollem Umfang einstellt (dann ist der Bereich der personenbedingten Kündigung maßgeblich). Die Abgrenzung zwischen beiden Bereichen kann in der Praxis schwierig sein, wenn eine eindeutige Einordnung der »Störungsquelle« nicht möglich sein sollte.

47. Was sind die Voraussetzungen einer krankheitsbedingten Kündigung?

Bei Krankheit als Kündigungsgrund ist zu unterscheiden zwischen häufigen Kurzerkrankungen und länger andauernden Einzelerkrankungen. Die konkrete Abgrenzung zwischen beiden Situationen ist der Praxis zumeist fließend. Es kommt darauf an, wo der Schwerpunkt liegt. Hier ist es maßgeblich, wie sich die Krankheitstage in den letzten Jahren der Beschäftigung entwickelt haben. Ab welcher Zahl der Fehltage im Jahr von einer unzumutbaren Dauer der Arbeitsunfähigkeit gesprochen werden kann, kann nicht rein rechnerisch mit einem bestimmten Prozentsatz angegeben werden. Auf das Überschreiten eines bestimmten Prozentsatzes kommt es nicht allein maßgeblich an, weil die Krankheitstage in der Vergangenheit die Kündigung nicht wirksam machen können. Um eine Größenordnung zur Verdeutlichung anzuführen, kann bei einer Krankheitsquote von 1/9 bis 1/8 der Arbeitstage pro Kalenderjahr angenommen werden, dass bei häufigen Kurzerkrankungen die »kritische Grenze« durchaus bereits erreicht ist. Das bedeutet aber nicht, dass in derartigen Situationen die Kündigung bereits regelmäßig als wirksam anzusehen ist. Welche Zahl von Fehltagen somit zu einer unzumutbaren Beeinträchtigung führt, ist nicht allein von der Häufigkeit der Krankheitstage abhängig, sondern auch noch von anderen Faktoren. Bei lang andauernden Einzelerkrankungen kommt es darauf an, ob durch diesen Zustand das Arbeitsverhältnis als Austauschverhältnis erheblich gestört ist. Die Kosten der Entgeltfortzahlung werden in derartigen Fällen im Allgemeinen nur für die ersten sechs Wochen anfallen und sich im Rahmen dessen halten, was einem jeden Arbeitgeber zumutbar ist. Die kritische Grenze ist bei der Kündigung wegen lang andauernder Krankheit bei über neun Monaten zumeist erreicht. Von einer **dauernden Unmöglichkeit** der Erbringung der Arbeitsleistung aus krankheitsbedingten Gründen ist auszugehen, wenn innerhalb der nächsten 24 Monate von einer dauerhaften Arbeitsunfähigkeit ausgegangen wird. In einer derartigen Situation wird eine Kündigung regelmäßig wirksam sein. Allerdings ist die ärztliche Prognose, dass eine Besserung in den nächsten zwei Jahren voraussichtlich nicht eintreten wird, eher selten eindeutig prognostizierbar.

48. Welche Bedeutung hat das betriebliche Eingliederungsmanagement (bEM) bei personenbedingten Kündigungen aufgrund von Krankheit?

Ein bEM ist bei Vorliegen der sonstigen Voraussetzungen auch dann vorzunehmen, wenn keine betriebliche Interessenvertretung (Betriebsrat) nach § 176 SGB IX gebildet ist. Nach § 167 Abs. 2 S. 1 SGB IX hat der Arbeitgeber dann, wenn Beschäftigte innerhalb eines Jahres länger als sechs Wochen ununterbrochen oder wiederholt arbeitsunfähig erkrankt sind, die Möglichkeiten zu klären, wie die Arbeitsunfähigkeit künftig möglichst überwunden werden kann sowie mit welchen Leistungen oder Hilfen einer erneuten Arbeitsunfähigkeit vorgebeugt und der Arbeitsplatz erhalten bleiben kann. Das bEM kann immer nur dann sachgerecht ausgeführt werden, wenn der Arbeitnehmer sein Einverständnis dazu gegeben hat. Lehnt ein Arbeitnehmer das bEM-Angebot ab, kommt es darauf an, ob der Arbeitgeber zuvor auf die Ziele des bEMs sowie auf Art und Umfang der hierfür erhobenen und verwendeten Daten hingewiesen hat. Die Belehrung gehört zu den Pflichten des Arbeitgebers um Zustimmung des Arbeitnehmers zur bEM-Durchführung. Sie soll dem Arbeitnehmer die Entscheidung ermöglichen, ob er diesem zustimmt oder nicht. An ein ordnungsgemäßes bEM sind folgende Anforderungen zu stellen: Es ist ein nicht formalisiertes Verfahren, das den Beteiligten einen Entscheidungsspielraum lässt. Es soll so erreicht werden, dass keine der vernünftigerweise in Betracht kommenden zielführenden Möglichkeiten ausgeschlossen werden. Die Regelung geht davon aus, dass die Einbeziehung von Arbeitgeber, Arbeitnehmer, ggf. des Betriebsrats und externen Stellen sowie die Beschreibung des Ziels des Verfahrens ausreichen, um die Vorstellungen der Betroffenen sowie den internen und externen Sachverstand (ggf. des Betriebsarztes) in ein faires und sachorientiertes Gespräch einzubringen. Beim bEM handelt es sich daher um die Durchführung eines verlaufs- und ergebnisoffenen Suchprozesses. Der Arbeitgeber ist grundsätzlich verpflichtet, Vorschläge während des bEM-Verfahrens umzusetzen, bevor er eine Kündigung ausspricht. Sofern vom Arbeitgeber kein bEM ausgeführt wurde, darf er sich in einem möglichen Kündigungsschutzprozess nicht darauf beschränken, pauschal vorzutragen, er würde keine alternativen Einsatzmöglichkeiten für den erkrankten Arbeitnehmer kennen und es gebe auch keine leidensgerechten Arbeitsplätze. Der Arbeitgeber muss von sich aus alle denkbaren oder vom Arbeitnehmer genannten Alternativen würdigen und im Einzelnen darlegen, aus welchen Gründen sowohl eine Anpassung des bisherigen Arbeitsplatzes als auch die Beschäftigung auf einem anderen leidensgerechten Arbeitsplatz ausscheiden. Erst nach dem Arbeitgebervortrag hat sich der Arbeitnehmer hierauf genauer einzulassen. Er muss darlegen, wie er sich selbst eine leidensgerechte Beschäftigung vorstellt. Aufgrund dieser Umstände ist dem Arbeitgeber regelmäßig anzuraten, zur Vermeidung von Rechtsnachteilen das bEM sachgerecht vor der beabsichtigten Kündigung auszuführen. Eine krankheitsbedingte Kündigung ist als letztes Mittel immer nur dann zulässig, wenn der Arbeitgeber bereits alle zumutbaren Möglichkeiten zu ihrer Vermeidung ausgeschöpft hat.

49. Welche Anforderungen bestehen bei der verhaltensbedingten Kündigung?

Bei verhaltensbedingten Kündigungen kommen folgende Kündigungsgründe in Betracht:

- Alle Pflichtwidrigkeiten im Leistungsbereich, sämtliche Fälle der Schlecht- oder Nichterfüllung der Arbeitsleistung; auch ein wiederholtes unentschuldigtes Fehlen eines Arbeitnehmers nach erfolgter Abmahnung ist regelmäßig geeignet, eine verhaltensbedingte Kündigung zu rechtfertigen.
- Kommt es neben der Störung im Leistungsbereich außerdem noch zu Betriebsablaufstörungen oder Beeinträchtigungen des Betriebsfriedens, wirkt sich dies nicht auf den an sich zur ordentlichen verhaltensbedingten Kündigung ausreichenden Grund aus. Dieser Umstand wirkt bei der vorzunehmenden umfassenden Interessenabwägung negativ für den Arbeitnehmer aus.
- Alle Verstöße gegen die betriebliche Ordnung und vergleichbare Pflichtwidrigkeiten.
- Verletzung der arbeitsvertraglichen Nebenpflichten; z. B. der Arbeitnehmer geht mit dem Eigentum von Kunden sehr nachlässig um und verursacht öfters Schäden.

- Störungen im Vertrauensbereich, etwa Beleidigungen des Arbeitgebers, Verrat von Betriebsgeheimnissen, Eigentums- und Vermögensdelikte zum Nachteil des Arbeitgebers.

Eine verhaltensbedingte ordentliche Kündigung ist dann sozial gerechtfertigt, wenn der Arbeitnehmer seine vertraglichen Haupt- oder Nebenpflichten erheblich und regelmäßig schuldhaft verletzt hat. Zudem muss eine dauerhaft störungsfreie Vertragserfüllung in Zukunft nicht mehr zu erwarten sein und die Lösung des Arbeitsverhältnisses in Abwägung der Interessen beider Vertragsteile angemessen erscheinen. Eine Pflichtverletzung ist dann vorwerfbar, wenn der Arbeitnehmer seine ihr zugrundeliegende Handlungsweise auch steuern konnte.

Praxistipp:
Die ordentliche Kündigung kann deshalb unwirksam sein, weil keine vorherige erfolglose und einschlägige Abmahnung mit Kündigungsandrohung ausgesprochen wurde. Nach der Rechtsprechung ist bei allen Störungen im Leistungsbereich (Schlecht- oder Nichterfüllung der Arbeit) grundsätzlich vor Ausspruch einer Kündigung eine Abmahnung erforderlich. Sie ist Wirksamkeitsvoraussetzung für die Kündigung. Eine Ausnahme hiervon gilt nur dann, wenn es sich um eine besonders schwerwiegende Pflichtverletzung handelt, bei welcher davon ausgegangen werden kann, dass niemals eine Duldung vom Arbeitgeber angenommen werden könnte.

50. Was ist bei einer Änderungskündigung zu beachten?

Eine Änderungskündigung wird in einem Klageverfahren in zwei Stufen geprüft. Auf der ersten Stufe ist von Bedeutung, ob die Kündigung im Sinne von § 1 Abs. 2 KSchG gerechtfertigt ist, ob also Gründe in der Person oder im Verhalten des Arbeitnehmers oder Gründe betrieblicher Art vorhanden sind. Auf der zweiten Stufe wird geklärt, ob die Änderung der Arbeitsbedingungen vom betroffenen Arbeitnehmer billigerweise hingenommen werden muss. Die Änderungskündigung ist somit eine aus zwei Willenserklärungen zusammengesetzte Erklärung. Zum einen ist sie eine Kündigungserklärung zur Beendigung des Arbeitsverhältnisses und als zweiter Bestandteil kommt das Angebot zu seiner Fortsetzung unter geänderten Bedingungen hinzu. Auch wenn die Änderungskündigung im Ergebnis auf eine Änderung der Vertragsbedingungen hinausläuft, handelt es sich bei ihr um eine »echte« Kündigung. Sie unterliegt daher allen formalen Anforderungen, die an die Wirksamkeit einer Kündigung zu stellen sind (siehe Frage 5 ff.). Für den Arbeitnehmer muss im Zeitpunkt des Zugangs der Kündigung das Änderungsangebot hinreichend klar bestimmt sein oder sich dessen Inhalt eindeutig bestimmen lassen. Es reicht weder aus, dass es der Arbeitgeber erst später klarstellt noch ist es genügend, wenn sich der gekündigte Arbeitnehmer, die jeweils für ihn günstigsten Teile heraussuchen kann. Der betroffene Arbeitnehmer muss bereits zum Zeitpunkt des Zugangs der Kündigungserklärung wissen bzw. hinreichend deutlich erkennen können, welchen konkreten Inhalt das Angebot hat. Er muss ohne Zweifel erkennen können, auf welcher Grundlage das Arbeitsverhältnis künftig fortgesetzt werden soll. Grund hierfür ist, dass der Arbeitnehmer in einem begrenzten Zeitraum auf das Vertragsangebot reagieren und entscheiden muss. Gerade deshalb muss der Erklärende das Änderungsangebot klar und eindeutig formulieren.

51. Welche Bedeutung hat die Interessenabwägung?

Die umfassende Interessenabwägung ist bei der verhaltens- und der personenbedingten Kündigung der abschließende Punkt der Überlegung, ob die Kündigung wirksam ist oder nicht. Bei der betriebsbedingten Kündigung findet keine Interessenabwägung statt. Einer der wesentlichen Punkte, ist die Frage, wie lange bereits das Arbeitsverhältnis unbelastet bestanden hat. Sollte dies für Jahre oder gar Jahrzehnte der Fall gewesen sein, so spricht dieser Umstand eindeutig für den Arbeitnehmer und gegen die Beendigung des Arbeitsverhältnisses.

52. Welche Relevanz haben Betriebsvereinbarungen für Kündigungen?

Betriebsvereinbarungen zum Kündigungsrecht sind in der Praxis eher selten. Bei **verhaltensbedingten Kündigungen** kommen sie sehr selten vor, weil sich das jeweilige individuelle Fehlverhalten kaum in gewisse Muster einordnen lässt. Im Bereich der verhaltensbedingten Kündigung kommen sie allenfalls dahingehend vor, dass zwischen Arbeitgeber und dem Betriebsrat vereinbart wird bei weniger schwerwiegenden Pflichtwidrigkeiten zunächst eine Abmahnung ohne Kündigungsandrohung auszusprechen und nur bei schwereren Pflichtverletzungen eine Abmahnung mit Kündigungsandrohung auszusprechen. Ob hierfür ein Regelungsbedarf besteht, ist durchaus fraglich, weil diese Grundsätze nach der Rechtsprechung der Arbeitsgerichte bereits so gelten. Größere praktische Bedeutung haben Betriebsvereinbarungen im Bereich der **betriebsbedingten Kündigungen**, wenn es um Sanierungsmaßnahmen im Betrieb geht. Sofern es gemäß § 1 Abs. 4 KSchG um die Kriterien der Sozialauswahl geht und hierüber eine Betriebsvereinbarung nach § 95 BetrVG abgeschlossen wird, dann können diese Bewertungskriterien nur noch auf das Vorliegen einer »groben Fehlerhaftigkeit« hin vom Arbeitsgericht überprüft werden. Das bedeutet, dass jedes einigermaßen ausgewogene Sozialauswahlsystem in der Kündigungsschutzklage vom Gericht akzeptiert werden muss. Das ArbG darf dann keinen anderen Standpunkt vertreten oder die Richtigkeit des aufgestellten Sozialauswahlsystems anzweifeln.

Wenn bei Kündigungen infolge von **Betriebsänderungen** ein Interessenausgleich zwischen Arbeitgeber und dem Betriebsrat abgeschlossen wird, dann wird vermutet, dass die Kündigungen aus betriebsbedingten Gründen ausgesprochen wurden und die soziale Auswahl kann nur noch auf grobe Fehlerhaftigkeit hin überprüft werden. In der Praxis wird dies bei derartigen Vereinbarungen regelmäßig nicht anzunehmen sein.

F. Kündigungsfristen und ihre Berechnung

53. Wie wirken sich die Betriebszugehörigkeit und das Alter bei den Kündigungsfristen aus?

Bei den gesetzlichen Kündigungsfristen des 622 Abs. 2 BGB kommt es ausschließlich auf die Dauer des Arbeitsverhältnisses an. Die Fristen sind ab einer Betriebszugehörigkeit von zwei Jahren bis hin zu derjenigen von 20 Jahren und mehr gestaffelt. Länger als die maximale arbeitgeberseitige Kündigungsfrist von sieben Monaten zum Monatsende können die einzuhaltenden Kündigungsfristen nach der gesetzlichen Regelung nicht werden. Möglich ist es, die Staffelung der Verlängerung der arbeitgeberseitigen Kündigungsfristen des § 622 Abs. 2 BGB auch für arbeitnehmerseitige Kündigungen zu vereinbaren. Dann dürften die Kündigungsfristen für den Arbeitnehmer aber nicht länger als die des Arbeitgebers sein. Die gesetzlichen Kündigungsfristen stellen nicht auf das Alter des Arbeitnehmers ab. Das Alter des Arbeitnehmers ist im Kündigungsrecht nur bei tariflichen Kündigungsfristen relevant. Dort existieren beispielsweise Regelungen, nach denen ab der Erreichung eines bestimmten Alters keine betriebsbedingten Kündigungen mehr ausgesprochen werden. Im öffentlichen Dienst wird auf die Dauer der Dienstzeit abgestellt.

Praxisbeispiel:
Die Grundkündigungsfrist beträgt bei bis zu sechs Monaten Dienstzeit zwei Wochen zum Monatsschluss (§ 34 Abs. 1 TVöD bzw. § 34 TVL). Bei einer Dienstzugehörigkeit von bis zu einem Jahr beträgt die Frist einen Monat zum Monatsschluss. Zwischen einem Jahr und 12 Jahren ist sie gestaffelt zwischen sechs Wochen und sechs Monaten (ab 12 Jahren) zum Schluss eines Kalendervierteljahres.

54. Können Kündigungsfristen verlängert oder verkürzt werden?

Hier ist zwischen einzelvertraglichen und tariflichen Regelungen zu unterscheiden. Grundsätzlich können einzelvertragliche Regelungen die Kündigungsfristen nur verlängern, aber nicht gegenüber der gesetzlichen Regelung verkürzen (§ 622 Abs. 2 BGB). Tarifvertraglich können auch die § 622 Abs. 1 bis 3 BGB wirksam verändert werden (622 Abs. 4 BGB). Neben längeren Kündigungsfristen sind auch kürzere möglich.

55. Wann beginnt die Kündigungsfrist zu laufen?

Die Kündigungsfrist beginnt grundsätzlich zu laufen, wenn die Kündigung tatsächlich zugegangen ist. Das gilt für alle beidseitigen Kündigungsformen. Daher ist es bei dieser Frage von entscheidender Bedeutung, an welchem Tag der Zugang der Kündigung war. Vor allem bei Kündigungen, welche am Ende eines Monats zugehen, kann es zu Streitigkeiten kommen, wie lange die Kündigungsfrist im Einzelfall ist. Um dies bei arbeitnehmerseitigen Kündigungen zu vermeiden, ist es ratsam die Kündigung am Monatsende persönlich dem Arbeitgeber oder der Personalabteilung zu übergeben sowie sich die Übergabe (bei Bedarf mit Datumsangabe) bestätigen zu lassen. So können größere Streitigkeiten über die Länge der Kündigungsfrist vermieden werden.

56. Wie wird der Zugang einer Kündigung nachgewiesen?

Die sicherste Form der Übergabe einer Kündigung ist die persönliche Aushändigung an den Kündigungsempfänger mit der Quittierung/Bestätigung des Zugangs der Kündigung. Bei arbeitnehmerseitigen Kündigungen ist daher aus Beweisgründen anzuraten, das vom Beschäftigten persönlich unterzeichnete Kündigungsschreiben in der Personalabteilung oder beim Arbeitgeber abzugeben und sich den Erhalt mit Datumsangabe bestätigen zu lassen. Damit stehen fest, dass die Kündigung zugegangen ist und auch der Umstand, wann dies tatsächlich erfolgte. Streitigkeiten über diese beiden Punkte werden dann regelmäßig nicht entstehen. Etwas schwieriger wird die Situation bei arbeitgeberseitigen Kündigungen, wenn die persönliche Aushändigung mit einer Datumsbestätigung und Unterschrift durch den betroffenen Arbeitnehmer nicht möglich sein sollte. Das kann beispielsweise der Fall sein, wenn dieser nicht im Betrieb, arbeitsunfähig erkrankt oder aus sonstigen Gründen nicht persönlich erreichbar ist. Postalische Einwurfeinschreiben gelten nach der aktuellen Rechtsprechung nicht als sicherer Zugangsnachweis. Die Zustellung durch einen Gerichtsvollzieher wird aufgrund der Kosten in der Praxis nur selten durchgeführt. Eine rechtssichere Zustellung ist die Einlegung des Kündigungsschreibens in den Briefkasten des Arbeitnehmers per Boten. In der Praxis sind das zwei Arbeitnehmer aus dem Bereich des Arbeitgebers, zumeist aus der Personalabteilung, welche die formulierte Kündigung zunächst durchlesen. Ein Bote steckt sie in den Briefumschlag, sodass der andere Bote Zeuge ist. Beide Boten begeben sich sodann zur Wohnanschrift des Arbeitnehmers. Sollte niemand öffnen, wird die Kündigung in den Briefkasten des Arbeitnehmers gelegt. Zumeist werden dann vom Vorgang auch noch Bilder oder Videos angefertigt. Wenn dieser Vorgang zu Zeiten erfolgt, zu denen regelmäßig die Postzustellung erfolgen sollte (etwa bis 17 oder 18 Uhr, je nach Bezirk) gilt die Kündigung als an diesem Tag zugegangen. Sollte es deutlich später sein, wird der Zugang am nächsten Tag angenommen.

57. Welche Besonderheiten gelten bei einer Probezeit?

Wenn eine Probezeit bei der Neubegründung eines Arbeitsverhältnisses vereinbart wurde, dann kann das Arbeitsverhältnis beidseits mit einer Frist von 14 Tagen gekündigt werden. Notwendig hierfür ist, dass ausdrücklich eine Probezeit vereinbart war. Aus Beweisgründen wird dies regelmäßig schriftlich vereinbart (§ 622 Abs. 3 BGB). Mündlich getroffene Probezeitvereinbarungen dürften sich in der Praxis nur schwer beweisen lassen. Daher kommt es hier ausdrücklich auf die Vereinbarung im Arbeitsvertrag an.

58. Was passiert bei Überschreitung der Kündigungsfrist?

Sofern vom Arbeitgeber die maßgebliche Kündigungsfrist nicht eingehalten worden sein sollte, ist in einem möglichen Klageverfahren zu klären, was das Klageziel ist. Entweder wird nur die fehlerhafte Kündigungsfrist angegriffen oder die Kündigung insgesamt. Sofern der Arbeitnehmer nur die Nichtbeachtung der zutreffenden Kündigungsfrist geltend machen sollte, ist die Erhebung dieser Klage nicht an die Dreiwochenfrist des § 4 S. 1 KSchG gebunden. Das folgt daraus, dass nicht die Wirksamkeit der Kündigung, sondern nur die Länge der Kündigungsfrist angefochten wird. Daher kann diese Klage über die Dreiwochenfrist hinaus bis zur Grenze der Verwirkung geltend gemacht werden. Bei derartigen Streitigkeiten geht es lediglich um die Klärung der Frage, welche Frist maßgeblich war.

Praxisbeispiel:
Bei Arbeitsverhältnissen im Baugewerbe ist zu prüfen, ob der BRTV Bau anwendbar ist. Dort ist etwa eine Kündigungsfrist von zwei Monaten zum Monatsende möglich, während bei gleicher Betriebszugehörigkeit gesetzlich eine Kündigungsfrist von drei Monaten zum Monatsende greifen würde. Maßgeblich ist stets die tatsächlich im Arbeitsverhältnis anwendbare Kündigungsfrist.

59. Welche Fristen gelten bei Tarifbindung?

Tarifvertragsparteien haben in Bezug auf die mögliche Veränderung der Kündigungsfristen einen größeren Spielraum (§ 622 Abs. 4 BGB). Dies wurde vom Gesetzgeber deshalb so zugelassen, weil eine derartige Änderung der Kündigungsfristen nur vom Arbeitgeberverband und der Gewerkschaft einvernehmlich abgeschlossen werden kann. Das gilt auch dann, wenn es um einen Firmentarifvertrag gehen sollte. Auch bei diesem ist die Zustimmung der Gewerkschaft zu dieser Regelung erforderlich. In der Rechtspraxis sind die Gewerkschaften zumeist der Meinung, dass die gesetzliche Regelung der Kündigungsfristen des § 622 Abs. 2 BGB eine ausgewogene Regelung darstellt und daher auch in Tarifverträgen zumeist nicht davon abgewichen werden sollte. Ausnahmen davon sind in Branchen mit einer (»traditionell«) erheblichen Fluktuation der Beschäftigten möglich.

> **Praxisbeispiel:**
> Im Bundesrahmentarifvertrag Baugewerbe wurde eine Abweichung vorgenommen. Gegenüber der Regelung des § 622 Abs. 2 BGB sind die Fristen in etwa um einen Monat kürzer. Die maximale Frist beträgt sechs Monate zum Monatsende (und nicht sieben Monate zum Monatsende).

Eine solche tarifliche Regelung kommt aber nur dann zur Anwendung, wenn entweder der Tarifvertrag für allgemeinverbindlich erklärt wurde, beide Parteien des Arbeitsverhältnisses tarifgebunden sind oder wenn die Anwendung dieser geänderten Kündigungsfristen ausdrücklich vertraglich vereinbart wurde.

60. Was ist mit Ausschlussfristen gemeint?

Ausschlussfristen betreffen grundsätzlich nur **Ansprüche** aus dem Arbeitsverhältnis. Eine Ausnahme ist bei der fristlosen Kündigung die Bestimmung des § 626 Abs. 2 BGB. Sowohl der Arbeitgeber als auch der Arbeitnehmer können eine außerordentliche Kündigung nur dann in wirksamer Weise erklären, wenn der Kündigungsgrund noch nicht länger als 14 Tage dem Kündigenden bekannt ist. Wenn diese Frist überschritten sein sollte, dann ist die Kündigung zumindest nicht mehr fristlos zulässig. Dies gilt auch dann, wenn es um einen sehr schwerwiegenden Grund gehen sollte. Ansonsten können an sich gegebene Kündigungsgründe, insbesondere solche des Arbeitgebers, allenfalls wegen Zeitablaufs verwirken. Das hat zur Folge, dass eine Kündigung, welche einen Grund erfordert, wegen dieses Grundes nicht mehr wirksam ausgesprochen werden kann.

G. Beteiligung von Betriebs-/Personalräten und anderen Stellen

61. Welche Rolle haben Betriebs-/Personalräte bei Kündigungen?

Außer bei der Frage von Kündigungen der Mitglieder der Arbeitnehmervertretungsorgane (Betriebsrat, Personalrat, Mitarbeitervertretungen) haben sowohl der Betriebsrat wie auch der Personalrat lediglich ein Anhörungsrecht bei bevorstehenden Kündigungen. Allerdings kann ein begründeter Widerspruch des Betriebsrats zugunsten des zu kündigenden Beschäftigten den betriebsverfassungsrechtlichen Weiterbeschäftigungsanspruch auslösen, was dessen Rechtstellung in einer gerichtlichen Auseinandersetzung mit dem Arbeitgeber durchaus etwas verbessern kann. Sollte das Anhörungsverfahren des Arbeitnehmervertretungsorgan fehlerhaft sein, ist die ausgesprochene Kündigung bereits aus diesem Grund rechtsunwirksam. Durch das Anhörungsverfahren soll sich der Betriebs-/Personalrat ein umfassendes Bild machen können, ob er der beabsichtigten Kündigung zustimmen will oder nicht. Bewusst unrichtige und unvollständige Sachverhaltsangaben, durch die beim Betriebs-/Personalrat ein verzerrtes oder sogar falsches Bild über den Kündigungssachverhalt entsteht, machen die Anhörung und auch die im Anschluss hieran erfolgte Kündigung rechtsunwirksam. Der Inhalt der Unterrichtung nach § 102 Abs. 1 S. 2 BetrVG wie auch der weitgehend identischen Normen im Bundes- oder dem jeweils im Bundesland geltenden Landespersonalvertretungsgesetz ist subjektiv determiniert. Das bedeutet, dass der Arbeitgeber die Umstände mitzuteilen hat, welche seinen Kündigungsentschluss tatsächlich bestimmt haben. Dem kommt er immer dann nicht nach, wenn er dem Betriebs-/Personalrat einen schon aus seiner eigenen Sicht unrichtigen oder unvollständigen Sachverhalt unterbreitet. Ebenso verhält es sich, wenn der Arbeitgeber dem Betriebsrat für dessen Beurteilung bedeutsame, zuungunsten des Arbeitnehmers sprechende, objektiv unzutreffende Tatsachen mitteilen sollte. Eine zwar vermeidbare, aber unbewusst und damit gutgläubig erfolgte objektive Fehlinformation stellt für sich genommen keinen Verstoß dar. Derartige Situationen kommen allerdings in der Praxis eher selten vor.

62. Was regelt § 102 BetrVG zur Anhörung?

Eine wirksame Anhörung des Betriebsrats erfordert, dass der Arbeitgeber dem Betriebsrat die Person des Arbeitnehmers, die Art der Kündigung, den Kündigungstermin und die Gründe der Kündigung mitteilt. Die Rechtsprechung geht davon aus, dass der Betriebsrat stets dann ordnungsgemäß angehört wurde, sofern der Arbeitgeber die aus seiner Sicht tragenden Umstände für die Kündigung unterbreitet hat. Die Betriebsratsanhörung ist dann fehlerhaft, wenn der Arbeitgeber dem Betriebsrat den Sachverhalt bewusst irreführend oder durch das Weglassen entscheidender Umstände mitteilt. Es müssen dem Betriebsrat die Gründe der Kündigung vollständig und umfassend mitgeteilt werden. Die Vorlage von Beweismaterial ist regelmäßig nicht notwendig, sondern nur erforderlich, wenn sie der Betriebsrat verlangt. Die Anhörung des Betriebsrats vollzieht sich immer in zwei aufeinanderfolgenden Abschnitten. Zunächst muss der Arbeitgeber unter Beachtung der in § 102 Abs. 1 BetrVG beschriebenen Erfordernisse das Anhörungsverfahren einleiten. Im Anschluss daran ist es Aufgabe des Betriebsrats sich mit der beabsichtigten Kündigung zu befassen und darüber zu entscheiden, ob und wie er Stellung nehmen will. Nur dann, wenn dem Arbeitgeber bei der ihm obliegenden Einleitung des Anhörungsverfahrens ein Fehler unterläuft, liegt eine Verletzung des § 102 Abs. 1 BetrVG mit der Folge der Unwirksamkeit der Kündigung vor. Mängel, die im Verantwortungsbereich des Betriebsrats entstehen, führen grundsätzlich auch dann nicht zur Unwirksamkeit der Kündigung wegen fehlerhafter Anhörung, wenn der Arbeitgeber im Zeitpunkt der Kündigung weiß oder zumindest erkennen kann, dass der Betriebsrat die Angelegenheit nicht fehlerfrei behandelt hat.

63. Was sind die Rechtsfolgen bei einer fehlenden oder unrichtigen Betriebsratsanhörung?

Wenn die Anhörung des Betriebsrats (oder auch des Personalrats) unterblieben ist oder fehlerhaft ausgeführt wurde, ist die ausgesprochene Kündigung unwirksam. Dieser Fehler kann im Rahmen der ausgesprochenen Kündigung nicht mehr geheilt werden, wenn er einmal entstanden ist. Eine nachträgliche Anhörung, kann daher den Fehler nicht mehr beseitigen. Der Arbeitgeber muss die Wochenfrist bei ordentlicher Kündigung und die Dreitagesfrist bei einer fristlosen Kündigung abwarten, bevor er sie ausspricht. Die Frist läuft immer um 24 Uhr des letzten Tages ab.

Praxisbeispiel:
Hat der Arbeitgeber am letzten Tag der Frist – etwa nach Arbeitsschluss – die Kündigung bereits auf den postalischen Weg gegeben oder durch Beschäftigte beim Arbeitnehmer zustellen lassen, wurde das Fristende um 24 Uhr nicht abgewartet. Dies führt zur Unwirksamkeit der Kündigung.

Das kann in der Praxis eine knifflige Angelegenheit werden. Theoretisch kann das Betriebsrats- oder Personalratsorgan am letzten Tag der Anhörungsfrist über den eingenommenen Standpunkt zur Kündigung beschließen und das dem Arbeitgeber bis 24 Uhr mitteilen.

Praxisbeispiel:
Wenn am Abend vor Ablauf der Anhörungsfrist dem betroffenen Arbeitnehmer die Kündigung in den Briefkasten eingelegt werden sollte, geht das Schreiben zwar erst am nächsten Tag zu, es steht aber fest, dass der Arbeitgeber nicht die bis 24 Uhr laufende Frist abgewartet hat. Die Kündigung ist unwirksam.

Wenn sich der Betriebsrat innerhalb der vorgegebenen Frist zur Stellungnahme gegenüber dem Arbeitgeber nicht äußern sollte, dann gilt seine Zustimmung als erteilt (§ 102 Abs. 2 S. 3 BetrVG). Bei ordentlichen Kündigungen beträgt die Anhörungsfrist eine Woche und bei fristlosen Kündigungen drei Tage.

64. Wie wirkt sich ein Widerspruch des Betriebsrats aus?

Bei ordentlichen Kündigungen ist nach § 102 Abs. 3 BetrVG dahingehend zu unterscheiden, mit welcher Begründung der Widerspruch erklärt wird. Das ist abhängig davon, ob zugunsten des zu kündigenden Beschäftigten der betriebsverfassungsrechtliche Weiterbeschäftigungsanspruch des § 102 Abs. 5 S. 1 BetrVG besteht oder nicht. Selbstverständlich kann das Arbeitnehmervertretungsorgan für einen Widerspruch gegen eine beabsichtigte Kündigung alle Gründe heranziehen, die nach Meinung des Betriebsrats vorliegen. Der mögliche (betriebsverfassungsrechtliche) Weiterbeschäftigungsanspruch wir allerdings immer nur dann ausgelöst, wenn der Widerspruch sich auf folgende Gründe bezieht:

- wenn der Arbeitgeber bei einer betriebsbedingten Kündigung die Kriterien der sozialen Auswahl nicht hinreichend berücksichtigt hat, also eine erhebliche Vermutung dafür besteht, dass die Sozialauswahl im Einzelfall fehlerhaft ist
- wenn die Kündigung gegen eine Auswahlrichtlinie nach § 95 BetrVG verstößt
- sofern eine Weiterbeschäftigungsmöglichkeit an einem anderen Arbeitsplatz im selben Betrieb oder in einem anderen Betrieb des Unternehmens bestehen sollte
- wenn die Weiterbeschäftigung nach zumutbaren Umschulungs- und Fortbildungsmaßnahmen möglich sein sollte
- wenn die Weiterbeschäftigung zu geänderten Bedingungen möglich sein sollte und der betroffene Arbeitnehmer hiermit das Einverständnis erklärt hat.

Aus dieser Aufstellung der Gründe ist erkennbar, dass hier weitergehend die Situationen einer betriebsbedingten Kündigung wegen Wegfall des Arbeitsplatzes und Maßnahmen einer Änderungskündigung aus betrieblichen Gründen erfasst sind.

65. Welche Bedeutung hat der Personalrat im öffentlichen Dienst?

Im Personalvertretungsrecht finden sich sowohl im Bundesgesetz (gültig für Bundesbehörden) als auch in den Ländergesetzen (gültig für Angestellte und Arbeitgeber des jeweiligen Bundeslands, Landesbehörden und Gebietskörperschaften) weitgehend identische Regelungen. Nach § 85 BPersVG wirkt der Personalrat bei ordentlichen Kündigungen im Sinne eines Anhörungsrechts mit. Die Widerspruchsgründe bei einer ordentlichen Kündigung entsprechen denjenigen des BetrVG. Hier findet sich eine identische Aufzählung der Gründe. In § 86 BPersVG ist die Beteiligung des Personalrats bei beabsichtigten außerordentlichen Kündigungen geregelt. Die Dienststellenleitung muss gegenüber dem Personalrat die beabsichtigte Kündigungsmaßnahme begründen. Sofern der Personalrat Bedenken haben sollte, sind diese in begründeter Form der Dienststellenleitung innerhalb von drei Arbeitstagen vorzulegen. Der Kündigungsschutz von Personalratsmitgliedern und sonstiger Personen in diesem Zusammenhang findet sich in § 127 BPersVG. In § 128 BPersVG ist die Beteiligung bei Kündigungen geregelt. Eine durch den Arbeitgeber ausgesprochenen Kündigung ist immer unwirksam, wenn die Personalvertretung nicht beteiligt wurde. Diese Regelung ist identisch mit derjenigen des Betriebsverfassungsrechts.

66. Wann muss das Integrations-/Inklusionsamt beim Ausspruch einer Kündigung beteiligt werden?

Der Sonderkündigungsschutz der Schwerbehinderten oder Gleichgestellten besteht immer dann, wenn der Arbeitnehmer als Schwerbehinderter einen Gesamtgrad der Behinderung von mindestens 50 aufweist oder wenn er ab einem Gesamtgrad der Behinderung von 30 oder 40 durch einen Bescheid der Agentur für Arbeit gleichgestellt ist. Voraussetzung des Sonderkündigungsschutzes der §§ 168 ff. SGB IX ist daher, dass vor dem Zugang der Kündigung entweder ein Bescheid über die Schwerbehinderteneigenschaft ergangen ist oder der schwerbehinderte Arbeitnehmer einen entsprechenden Anerkennungsantrag beim Versorgungsamt gestellt hat. In Einzelfällen kann der Kündigungsschutz bereits vor Antragstellung des Schwerbehinderten eingreifen, wenn der Arbeitnehmer den Arbeitgeber vor Ausspruch der Kündigung über seine körperlichen Beeinträchtigungen informiert und über die beabsichtigte Antragstellung in Kenntnis gesetzt hat.

67. Was gilt bei Schwerbehinderten? Haben auch Gleichgestellte einen Sonderkündigungsschutz?

Die erfolgreiche Antragstellung auf Anerkennung der Schwerbehinderteneigenschaft ist die Mindestvoraussetzung für den besonderen Kündigungsschutz. Die rechtlichen Wirkungen der Eigenschaft als schwerbehinderter Mensch treten im Fall des Sonderkündigungsschutzes grundsätzlich nicht ohne weiteres, das heißt schon bei objektiv bestehender Eigenschaft als schwerbehinderter Mensch ein, sondern die Voraussetzung ist zumeist, dass vor dem Zugang der Kündigung ein Bescheid über die Eigenschaft als Schwerbehinderter ergangen ist oder jedenfalls ein entsprechender Antrag gestellt wurde. Ausnahmen von diesem Grundsatz gelten nur in den in der Praxis eher selteneren Fällen einer offensichtlichen Schwerbehinderteneigenschaft. Diese liegt immer dann vor, wenn unzweifelhaft und ohne **weiteres** erkennbar ist, dass ein Arbeitnehmer der Gruppe der schwerbehinderten Arbeitnehmer unterfällt. Hinsichtlich des persönlichen Anwendungsbereichs ist darauf hinzuweisen, dass die Bestimmung des § 173 SGB IX Ausnahmen vom Sonderkündigungsschutz **enthält**. Wichtigster Fall ist nach § 173 Abs. 1 Nr. 1 SGB IX, dass er nicht für Arbeitnehmer gilt, deren Arbeitsverhältnis noch keine sechs Monate Bestand hatte. Bei dieser Frage kommt es immer auf den rechtlichen Bestand des Arbeitsverhältnisses an – nicht darauf, wie lange **möglicherweise** tatsächlich schon gearbeitet wurde. Diese sog. »Wartezeit« ist daher genauso geregelt wie diejenige des KSchG. Eine Mindestbetriebsgröße in betrieblicher Hinsicht ist hier allerdings nicht erforderlich. Nach § 168 und § 151 Abs. 1 und 3, § 2 Abs. 3 SGB IX erfordert für die Kündigung des Arbeitsverhältnisses eines schwerbehinderten Menschen und eines Gleichgestellten durch den Arbeitgeber (ebenso) die vorherige Zustimmung des Integrationsamts/Inklusionsamts. Gemäß § 151 Abs. 2 SGB IX erfolgt die Gleichstellung behinderter Menschen mit Schwerbehinderten aufgrund einer Feststellung nach § 152 SGB IX auf Antrag des behinderten Menschen durch die

Agentur für Arbeit. Da der Schwerbehindertenschutz für einen Gleichgestellten mit dem Tag des Eingangs des Antrags bei der Agentur für Arbeit beginnt, kann auch eine Kündigung, die zwischen Antragstellung und Gleichstellung ausgesprochen wird, rechtsunwirksam sein, sofern der Gleichstellungsantrag positiv beschieden wird.

68. Welche Mitwirkungspflichten hat der Arbeitgeber?

Bei derartigen Verfahren ist der Arbeitgeber gehalten, all diejenigen Umstände vorzutragen, die einen sachlichen Grund für die Kündigung aufweisen könnten (wenn er sich im fachlichen Anwendungsbereich des KSchG befindet). Wenn dies nicht gelingen sollte, muss er damit rechnen, dass die Zustimmung zur Kündigung vom Integrationsamt/Inklusionsamt nicht erteilt wird. Ohne diese Zustimmung kann der Arbeitgeber das Arbeitsverhältnis eines Schwerbehinderten oder Gleichgestellten nicht rechtswirksam kündigen.

69. Welche Fristen gelten für die Beteiligung?

Sofern der Arbeitgeber gegenüber einem Schwerbehinderten den Ausspruch einer ordentlichen Kündigung erwägt, ist es seine Sache, wann er das Verfahren einleitet. Das liegt vor allem daran, dass Kündigungsgründe (mit Ausnahme bei einer fristlosen Kündigung) nicht innerhalb kürzerer Zeit verwirken. Die Mindestkündigungsfrist beträgt bei Schwerbehinderten nach § 169 SGB IX vier Wochen. Gemäß § 171 Abs. 1 SGB IV hat das Integrationsamt/Inklusionsamt regelmäßig die Entscheidung innerhalb einer Frist von einem Monat nach der Einreichung des Antrags zu erteilen. Wenn die Zustimmung erteilt wird, ist nach § 171 Abs. 3 SGB IX vom Arbeitgeber die Kündigung innerhalb eines (weiteren) Monats auszusprechen. Bei einer beabsichtigten außerordentlichen Kündigung muss nach § 174 Abs. 2 SGB IX die Zustimmung zur Kündigung vom Arbeitgeber innerhalb einer Frist von zwei Wochen beim Integrationsamt/Inklusionsamt beantragt werden. Hier hat dann das Integrationsamt/Inklusionsamt binnen zwei Wochen über den Antrag zu entscheiden. Falls keine Entscheidung getroffen worden sein sollte, gilt die Zustimmung nach Ablauf der Frist als erteilt. Wenn die Frist des § 626 Abs. 2 BGB zu diesem Zeitpunkt bereits abgelaufen sein sollte, muss die Kündigung vom Arbeitgeber unverzüglich nach der Zustimmungsmaßnahme ausgesprochen werden.

70. Welche Konsequenzen hat eine fehlerhafte Beteiligung?

Sofern die Erteilung der Zustimmung (siehe Frage 66) nicht oder nicht ordnungsgemäß vom Arbeitgeber durchgeführt werden sollte, er aber dennoch kündigt, scheitert die Kündigung bereits an der erforderlichen Zustimmung des Integrationsamts/Inklusionsamts. Sie ist dann unwirksam und beendet das Arbeitsverhältnis nicht. Allerdings ist der Arbeitnehmer dennoch gehalten fristgerecht innerhalb von drei Wochen ab Zugang gemäß § 4 S. 1 KSchG Kündigungsschutzklage zu erheben, weil ansonsten die eigentlich formunwirksame Kündigung wirksam wird.

H. Kündigungsschutzklage und gerichtliche Kontrolle

71. Was ist eine Kündigungsschutzklage?

Mit einer Kündigungsschutzklage macht der Arbeitnehmer geltend, dass er eine ihm gegenüber ausgesprochene Kündigung für rechtsunwirksam erachtet. Da im arbeitsgerichtlichen Verfahren in erster Instanz keine Anwaltspflicht besteht, kann die Kündigungsschutzklage vom Arbeitnehmer auch selbst erhoben werden. Zudem kann er einen Dritten bevollmächtigen, beispielsweise eine Gewerkschaft. Fernerhin besteht die Möglichkeit, die Klageerhebung bei der Rechtsantragstelle der Arbeitsgerichte vornehmen zu lassen. In der Kündigungsschutzklage muss der Antrag gestellt werden, dass die am … (Angabe des Datums) gegenüber dem Arbeitnehmer ausgesprochene Kündigung rechtsunwirksam ist und in der Begründung muss kurz der Sachverhalt dargestellt werden (wo beschäftigt – Art der Tätigkeit – wann wurde gekündigt – wann ist die Kündigung zugegangen – aus welchen Gründen wurde gekündigt?). Fernerhin ist auszuführen, weswegen die Kündigung für rechtsunwirksam erachtet wird.

72. Welche Frist gilt für die Erhebung der Klage?

Nahezu alle Kündigungsschutzklagen müssen spätestens innerhalb von drei Wochen nach dem Zugang der Kündigung beim Arbeitsgericht eingereicht worden sein (§ 4 S. 1 KSchG). Sofern das nicht geschehen ist und einem möglichen Antrag auf nachträgliche Zulassung der Kündigungsschutzklage nicht vom Gericht stattgegeben wurde, hat dies zur Folge, dass die Frage der Wirksamkeit der Kündigung nicht mehr vom Gericht überprüft werden kann. Eine Ausnahme hiervon gilt nur dann, wenn eine nicht der zwingenden Schriftformklausel entsprechende Kündigung (§ 623 BGB) angegriffen werden sollte oder wenn es ausschließlich um die Länge der Kündigungsfrist gehen sollte. Eine nicht der Schriftformklausel entsprechende Kündigungserklärung ist immer formunwirksam und beendet das Arbeitsverhältnis nicht, wenn es nur um die (korrekte) Länge der Kündigungsfrist gehen sollte. Bei der Länge der Kündigungsfrist geht es nur um den Beendigungszeitpunkt und nicht um die Wirksamkeit der Kündigung.

73. Wo muss die Klage eingereicht werden?

Eine Kündigungsschutzklage kann ausschließlich beim **Arbeitsgericht** eingereicht werden. Wenn im konkreten Fall die Frage streitig sein sollte, ob tatsächlich der Arbeitnehmerbegriff vorliegt oder eine selbstständige Tätigkeit anzunehmen sein wird, ist anzuraten die Klage am Arbeitsgericht fristgerecht anhängig zu machen und den Arbeitnehmerstatus zu begründen. Sollte das Arbeitsgericht zur Arbeitnehmerfrage einen anderen Standpunkt vertreten, wird der Rechtsstreit durch Verweisungsbeschluss an das dann zuständige Amtsgericht oder Landgericht verwiesen. Die Dreiwochenfrist ist somit auf jeden Fall gewahrt. Sollte eine Klage nach der Prüfung des Arbeitnehmerbegriffs durch das Amts- oder Landgericht an das Arbeitsgericht verwiesen werden, ist von Relevanz, ob auch hier die Dreiwochenfrist bei der Erhebung der Klage zum Amts- oder Landgericht eingehalten wurde. Wenn dies der Fall war, dann wirkt die Einhaltung der prozessualen Klagegerhebungsfrist von drei Wochen auch gegenüber dem Arbeitsgericht, das vom Landgericht (oder vom Amtsgericht) für zuständig erachtet wird. Einfacher strukturiert ist die Frage der **örtlichen Zuständigkeit** des Arbeitsgerichts. Grundsätzlich ist sowohl das Arbeitsgericht am Ort der Erbringung der Arbeitsleistung zuständig wie auch das Gericht am Firmensitz des Arbeitgebers (§ 48 Abs. 1a ArbGG). Wenn es zwei mögliche Gerichtsstände gibt, hat der Arbeitnehmer die freie Wahl, an welches Gericht er die Klage richtet. Eine einmal durchgeführte Wahl kann nicht mehr abgeändert werden. Damit kann der Arbeitnehmer zumeist umsetzen, dass das örtlich nähere Gericht zuständig ist und nicht dasjenige am Firmensitz des Arbeitgebers, welcher hunderte Kilometer entfernt sein kann. Eine Ausnahme von diesem Grundsatz besteht nur dann, wenn durch eine tarifliche Norm, welche im Arbeitsverhältnis gilt, die örtliche Zuständigkeit verbindlich geregelt sein sollte. Da eine derartige Norm nur mit der Zustimmung der Gewerkschaft vereinbart werden kann, kommt der Fall in der Praxis sehr selten vor. Ein Beispiel hierfür sind die Unternehmen der Deutschen Bahn.

74. Was prüft das Arbeitsgericht bei einer Kündigung?

In diesem Zusammenhang ist zunächst hervorzuheben, dass das arbeitsgerichtliche Urteilsverfahren ein reiner »Parteiprozess« ist. Das bedeutet, dass das Gericht Dasjenige prüft, was von den beiden Parteien des Rechtsstreites vorgetragen wurde. Konkret bedeutet dies, dass bei einer Kündigung ein eventuell bestehender Sonderkündigungsschutz, z. B. eines Schwerbehinderten, nur dann vom Gericht mit in die Prüfung einbezogen wird, wenn sich der Arbeitnehmer nicht nur auf die fehlende soziale Rechtfertigung der Kündigung beruft, sondern auch darauf, dass das Integrationsamt/Inklusionsamt der Kündigung nicht zugestimmt hat. Daher hat der Arbeitnehmer im Rechtsstreit ein erhebliches Interesse daran, alle relevanten Unwirksamkeitsgründe einer Kündigung vorzutragen. Um hier diese Grundsätze zu verdeutlichen, sollen die wesentlichen Prüfungspunkte bei den ordentlichen und außerordentlichen Kündigungen kurz zusammengestellt werden:

- **Ordentliche betriebsbedingte Kündigung:**
  - Führen interne oder externe Faktoren zum Verlust des Arbeitsplatzes?
  - Die Freiheit der unternehmerischen Entscheidung erlaubt es dem Arbeitgeber, ohne gerichtliche Kontrolle darüber zu entscheiden, ob er Produktionen oder Dienstleistungen weiter aufrechterhalten will oder ob er sich dazu entschließt, diese aufzugeben oder zu verlagern. Die Maßnahme ist ggf. nur auf willkürliches Verhalten hin zu überprüfen.
  - Fällt durch die Maßnahme innerhalb der Tätigkeiten, in denen der Arbeitnehmer arbeitet, der konkrete Arbeitsplatz weg?
  - Hat die Kündigung die Grundsätze der Sozialauswahl beachtet? Es muss bei mehreren vergleichbaren Arbeitnehmern, demjenigen gekündigt werden, welcher den geringsten sozialen Schutz aufweist.
  - Können aus der Gruppe der vergleichbaren Arbeitnehmer diejenigen herausgenommen werden, welche besondere Kenntnisse, Fähigkeiten

oder Leistungen aufweisen oder deren Verbleib im Betrieb zur Aufrechterhaltung der Altersstruktur erforderlich ist?
  - Beachtung des Grundsatzes, dass innerhalb der in etwa gleich sozial schutzbedürftigen Personengruppe der Arbeitgeber einen gewissen Beurteilungsspielraum hat, wenn er kündigen möchte.
- **Ordentliche verhaltensbedingte Kündigung:**
  - Alle Pflichtwidrigkeiten im Leistungsbereich, sämtliche Fälle der Schlecht- oder Nichterfüllung der Arbeitsleistung sowie ein wiederholtes unentschuldigtes Fehlen eines Arbeitnehmers nach erfolgter Abmahnung sind regelmäßig geeignet, eine verhaltensbedingte Kündigung zu rechtfertigen.
  - Kommt es neben der Störung im Leistungsbereich außerdem noch zu nachteiligen Auswirkungen in der betrieblichen Verbundenheit, etwa zu Betriebsablaufstörungen oder Beeinträchtigungen des Betriebsfriedens, wirkt sich dies nicht auf den Kündigungsgrund aus. Dieser Umstand schafft allerdings bei der vorzunehmenden umfassenden Interessenabwägung eine negative Situation für den Arbeitnehmer.
  - Alle Verstöße gegen die betriebliche Ordnung und vergleichbare Pflichtwidrigkeiten.
  - Verletzung der arbeitsvertraglichen Nebenpflichten; z. B. geht der Arbeitnehmer mit dem Eigentum des Arbeitgebers sehr nachlässig um und verursacht öfters Schäden.
  - Störungen im Vertrauensbereich, etwa Beleidigungen des Arbeitgebers, Verrat von Betriebsgeheimnissen, Eigentums- und Vermögensdelikte zum Nachteil des Arbeitgebers.
  - Prüfung der Frage, ob eine vorherige einschlägige Abmahnung erforderlich war.
  - Vorzunehmende umfassende Interessenabwägung.
- **Ordentliche personenbedingte Kündigung aufgrund von Krankheit:**
  - Bei dieser Kündigung ist es maßgeblich, wie sich die Krankheitstage in den letzten Jahren der Beschäftigung entwickelt haben.
  - Ab welcher Zahl der Fehltage im Jahr von einer unzumutbaren Dauer der Arbeitsunfähigkeit gesprochen werden kann, kann nicht rein rechnerisch mit einem bestimmten Prozentsatz angegeben werden. Auf das Überschreiten eines bestimmten Prozentsatzes (wie viele Arbeitstage pro Jahr sind Krankheitstage?) kommt es nicht allein maß-

geblich an, weil die Krankheitstage in der Vergangenheit – ausschließlich betrachtet – die Kündigung nicht wirksam machen können.
- Welche Zahl von Fehltagen zu einer unzumutbaren Beeinträchtigung führt, ist nicht allein von der Häufigkeit der Krankheitstage abhängig.
- Besteht eine objektiv vorliegende und nachweisbare negative Zukunftsprognose, also die Befürchtung, dass weiterhin mit erheblichen Krankheitszeiten zu rechnen ist?
- Durchführung einer umfassenden Interessenabwägung unter Einbeziehung des Umstands, wie lange das Arbeitsverhältnis bereits ohne krankheitsbedingte Beeinträchtigungen bestanden hat.

- **Fristlose Kündigung:**
  - Prüfung des schwerwiegenden Kündigungsgrundes
  - Prüfung, ob die Ausschlussfrist des § 626 Abs. 2 BGB eingehalten wurde
  - Vornahme einer umfassenden Interessenabwägung dahingehend, dass wegen der Schwere der Pflichtwidrigkeit nicht einmal die Einhaltung der ordentlichen Kündigungsfrist zumutbar wäre.
- **Zusätzlich bei allen Kündigungsarten:**
  - Sind gesetzliche Unwirksamkeitsgründe bei der Kündigung relevant?
  - Bei Arbeitnehmerinnen: sind sie schwanger oder in Mutterschutz?
  - Besteht Sonderkündigungsschutz nach dem SGB IX?
  - Besteht Sonderkündigungsschutz nach dem BetrVG oder dem Bundes-/Landespersonalvertretungsgesetz oder einer sonstigen Kündigungsschutznorm?
  - Liegt ein anderer gesetzlicher Unwirksamkeitsgrund bei der Kündigung vor?

75. Welche Beweislast trägt der Arbeitgeber?

Der Arbeitgeber trägt grundsätzlich die Darlegungs- und Beweislast dafür, dass die von ihm angenommenen Kündigungsgründe vorliegen. Im Kündigungsschutzprozess gilt daher die angestufte Darlegungs- und Beweislast. Wenn der Arbeitnehmer die Rechtsunwirksamkeit einer Kündigung geltend macht und vorträgt, dass sie aus den vom Arbeitgeber angenommenen Gründen nicht gerechtfertigt sein soll, hat der Arbeitgeber als Nächstes umfassend schriftsätzlich vorzutragen, wie er die Kündigung begründen will und welche Beweismittel diesen Vortrag untermauern sollen. Sodann ist es Sache des klagenden Arbeitnehmers, diesen Vortrag zu entkräften und seinen gegenteiligen Standpunkt darzulegen, worauf der Arbeitgeber – wenn erforderlich – erneut seinen davon abweichenden Standpunkt darlegen kann. Nach diesen Grundsätzen regelt sich die Beweislast im Kündigungsschutzrechtsstreit. Werden vom Arbeitgeber bestimmte Aspekte der jeweiligen Kündigung nicht aufgegriffen und entsprechend schriftsätzlich ausgeführt, kann davon ausgegangen werden, dass insofern der Vortrag des Arbeitnehmers nicht bestritten wird. So kann es etwa sein, dass bei einer personenbedingten Kündigung aufgrund von Krankheit, die krankheitsbedingten Fehlzeiten sowie die betrieblichen Belastungen mehr oder weniger unstreitig sind und der Schwerpunkt bei der negativen Zukunftsprognose sowie den (möglicherweise fraglichen) Erfolgsaussichten des betrieblichen Eingliederungsmanagements liegen.

76. Welche Folgen hat eine unwirksame Kündigung?

Sofern sich eine arbeitgeberseitige fristlose oder ordentliche Kündigung als rechtsunwirksam erweist, besteht das Arbeitsverhältnis ungekündigt fort. Das bedeutet, dass der Arbeitgeber dann, wenn er nicht weiterbeschäftigten sollte, in Annahmeverzug in Bezug auf die zu leistende Arbeitsvergütung kommt. Der Annahmeverzug ist in den §§ 615, 293 ff. BGB geregelt und bedeutet, dass die Vergütung weiterzuzahlen ist (siehe Frage 79). Ausnahmen hiervon bestehen nur dann, wenn es der Arbeitnehmer in böswilliger Art und Weise unterlassen sollte, eine anderweitige Vergütung zu erzielen. Wann dies der Fall ist, kann sich im Einzelfall als durchaus schwierige Rechtsfrage erweisen. Sofern etwa systematisch die Vermittlungsbemühungen der Agentur für Arbeit untergraben werden sollten, kann diese Rechtsfolge in der Praxis entweder für den gesamten Annahmeverzugszeitraum oder Teile davon eintreten. Bei einer Änderungskündigung des Arbeitgebers im Sinne des § 2 KSchG stellt sich die Rechtslage etwa anders dar. Hier hängen die Folgen davon ab, ob die Annahme unter Vorbehalt bei den geänderten Arbeitsbedingungen vom Arbeitnehmer erklärt wurde oder dies nicht der Fall war. Wenn die Kündigung unabhängig von der Erklärung des Vorbehalts rechtsunwirksam ist, dann besteht das Arbeitsverhältnis zu den bisherigen Bedingungen weiter fort. Sollte die Änderungskündigung allerdings wirksam sein und der Vorbehalt nicht erklärt werden, endet das Arbeitsverhältnis. Wenn der Vorbehalt ausgesprochen wurde, dann besteht es zu den geänderten Bedingungen weiter. Somit hat die Erklärung des Vorbehalts bei der Änderungskündigung immer nur dann Relevanz, wenn die Klage keinen Erfolg haben sollte.

77. Was ist ein »Prozessvergleich«?

Ein Prozessvergleich liegt vor, wenn im Rahmen einer Kündigungsschutzklage Arbeitnehmer und Arbeitgeber eine Einigung hinsichtlich der Frage des Fortbestands oder Nichtfortbestands des Arbeitsverhältnisses treffen. Weil der arbeitsgerichtliche Kündigungsschutzprozess ein Zivilprozess mit der Parteimaxime (=maßgeblich ist, was Arbeitgeber und Arbeitnehmer vorgetragen haben und was von ihnen auch tatsächlich gewünscht wird) ist, können sich die Vertragsparteien jederzeit einigen, wie sie den Prozess abschließen wollen. Eine Ausnahme hiervon gibt es nur bei gesetzlich oder tariflich unverzichtbaren Ansprüchen. Diese müssen in einer vertraglichen Regelung einbezogen werden.

Praxisbeispiel:
Unstatthaft wäre es, unstreitig zehn noch bestehende gesetzliche Urlaubstage von der »Wertigkeit« her gesehen in der Abfindung nach §§ 9, 10 KSchG hinzuzurechnen und bei der Urlaubsfrage zu regeln, man wäre sich einig, »dass alle Ansprüche des gesetzlichen Urlaubsanspruchs bereits eingebracht wären«. Der gesetzliche Mindesturlaubsanspruch ist unverzichtbar. Bei tariflichen Urlaubsansprüchen müssten die Tarifvertragsparteien dem Vergleich zustimmen.

Abgesehen davon können Arbeitgeber und Arbeitnehmer einvernehmlich bestimmen, wie die Modalitäten der Lösung eines Kündigungsrechtsstreits ausgestaltet werden. Auf Arbeitnehmerseite sind jedoch einige rechtliche Punkte zur Vermeidung von Rechtsnachteilen zu beachten. Wenn der Arbeitnehmer über keine anwaltliche oder gewerkschaftliche Vertretung verfügen sollte, sollte er dies dringend nachholen, bevor er abschließend einen Aufhebungsvertrag unterzeichnet oder ihm zustimmt. Bei einem gerichtlichen Vergleich ist durch die Mitwirkung des Arbeitsgerichts in Form des Richters gewährleistet, dass eine ausgewogene Regelung zustande kommt und der Arbeitnehmer nicht das Nachsehen hat. Allerdings ist hierfür Mindestvoraussetzung, dass das Gericht zumindest weiß, um was es bei den streitigen Einzelposten geht. Sollte etwa bei einer Gegenforderung des Arbeitgebers, beispielsweise Schadensersatz bei einer Vertragspflichtverletzung, der Arbeitnehmer dies unbeholfen bejahen, dann wird dieser Punkt vom Gericht nicht mehr näher besprochen. Die tatsächliche Rechtslage wird dann nicht mehr geprüft.

Folgende Umstände sollten in die Überlegung, wie ein arbeitsgerichtlicher Rechtsstreit einvernehmlich abgeschlossen werden kann, einbezogen werden:

- Können Arbeitgeber und Arbeitnehmer tatsächlich davon ausgehen, dass bei der Unwirksamkeit einer Kündigung das Arbeitsverhältnis einvernehmlich fortgesetzt wird oder wird eine Beendigungslösung bevorzugt?
- Ist bereits eine mehr oder weniger ausgeprägte Zerrüttung eingetreten?
- Wenn die Beendigungslösung angestrebt wird: wie hoch soll eine zu zahlende Abfindung sein? Dies hängt primär davon ab, wie wahrscheinlich es ist, dass der Arbeitgeber die Kündigung rechtssicher begründen kann.
- Eine eventuell vereinbarte Abfindung kann von Arbeitgeber und Arbeitnehmer frei ausgehandelt werden. Je unsicherer die Position des Arbeitnehmers bei der Frage der Unwirksamkeit der Kündigung ist, desto moderater sollte die Vorstellung von der Höhe der Abfindung sein.
- Wenn der Kündigung ein gesetzliches Verbot entgegenstehen sollte, kann durchaus ein erheblicher Abfindungsbetrag vom Arbeitnehmer in den Raum gestellt werden, eine Alternative wäre die Fortsetzung des Arbeitsverhältnisses.
- Noch offene Vergütungsansprüche (auch der restliche Urlaub/ Urlaubsabgeltung) sind in die Lösung einzubeziehen, damit Folgestreitigkeiten vermieden werden können.
- Zu klären ist, welche sonstigen Ansprüche noch offen sein können.
- Eine Aufnahme der Regelung, dass zum Ende des Arbeitsverhältnisses der Arbeitnehmer ein wohlwollend formuliertes, qualifiziertes Arbeitszeugnis erhält, in dem auch die Zufriedenheitsstufe festgelegt werden kann.
- Erteilung der sonstigen Arbeitspapiere und ggf. die Festlegung, wie sie auszufüllen sind.
- Optional: eine für beide Seiten wirkende umfassende Abgeltungsklausel aller Ansprüche aus dem Arbeitsverhältnis und dessen Beendigung, die

aber keine gesetzlich oder tariflich unverzichtbaren Ansprüche (etwa den Mindesturlaub, den tariflich geregelten Urlaub) erfassen darf, weil sie insofern unwirksam wäre.

78. Kann eine Kündigung auch teilwirksam sein?

Grundsätzlich kann eine Kündigung nicht teilwirksam sein. Eine Ausnahme gilt aber dann, wenn eine fristlose und eine hilfsweise ordentliche Kündigung streitig sein sollten sowie die Kündigung in einer Erklärung ausgesprochen wurde. In diesem konkreten Fall handelt es sich nach juristischer Betrachtungsweise um **eine** Kündigung, allerdings mit dem Erklärungsinhalt, dass die Kündigung sowohl (also primär) als fristlose Kündigung gemeint ist und für den Fall, dass die Voraussetzungen einer fristlosen Kündigung nicht vorliegen sollten, die hilfsweise ordentliche Kündigung in der Erklärung vom Arbeitgeber ausgesprochen wurde. Sollte sich etwa in einer derartigen Situation im Prozess herausstellen, dass die Kündigungserklärungsfrist nach § 626 Abs. 2 BGB nicht eingehalten wurde, dann scheitert die fristlose Kündigung, unabhängig davon, wie schwerwiegend der Kündigungsgrund auch gewesen sein mag. Die Kündigung wird dann ggf., wenn die Voraussetzungen hierfür vorliegen sollten, als ordentliche Kündigung vom Gericht für wirksam erklärt und bei der fristlosen Kündigung deren Rechtsunwirksamkeit.

Praxisbeispiel:
Ein Urteilstenor würde wie folgt lauten:
»Es wird festgestellt, dass die fristlose Kündigung der Beklagten vom 23. Juli 2025 rechtsunwirksam ist und das Arbeitsverhältnis bis zum 30. September 2025 fortbestanden hat. Im Übrigen wird die Kündigungsschutzklage abgewiesen.«

79. Was bedeutet »Annahmeverzugslohn«?

Annahmeverzugslohn nach §§ 615 S. 1, 293 ff. BGB ist die Vergütung des Arbeitnehmers, welche er erhält, wenn sich eine arbeitgeberseitige Kündigung als rechtsunwirksam erweist. Grundsätzlich besteht für die Zeit ab Ablauf der Kündigungsfrist der Vergütungsanspruch des Arbeitnehmers, wenn das Arbeitsgericht feststellt, dass die streitige Kündigung rechtunwirksam war. Die Voraussetzungen des Annahmeverzugs bestimmen sich nach den §§ 293 ff. BGB. Danach muss der Arbeitnehmer die geschuldete Leistung im Regelfall tatsächlich anbieten. Nach § 295 BGB genügt ein wörtliches Angebot, wenn der Arbeitgeber erklärt hat, dass er die Leistung nicht annehmen wird oder wenn zur Bewirkung der Leistung eine Handlung des Arbeitgebers (Zuweisung des Arbeitsplatzes) erforderlich ist. Wenn für die vom Arbeitgeber vorzunehmende Handlung eine Zeit nach dem Kalender bestimmt wird, dann bedarf es keines Angebots, falls der Arbeitgeber die Handlung nicht rechtzeitig vornimmt. Der Annahmeverzug setzt kein Verschulden des Arbeitgebers voraus, was bedeutet, dass er auch in Verzug geraten kann, wenn er nach einer von ihm für wirksam erachteten Kündigung nach Ablauf der Kündigungsfrist die Annahme der Arbeitsleistung ablehnt und später die Rechtsunwirksamkeit der Kündigung festgestellt wird.

80. Was ist ein »Wiedereinstellungsanspruch«?

Der Wiedereinstellungsanspruch wird regelmäßig bei ordentlichen Kündigungen relevant und wurde von der Rechtsprechung entwickelt. Bei außerordentlichen Kündigungen ist er so gut wie nicht vorstellbar, er betrifft daher lediglich die drei Grundformen eine ordentlichen Kündigung durch den Arbeitgeber. Wenn er überhaupt gegeben sein sollte, tritt er am »häufigsten« bei der betriebsbedingten ordentlichen Kündigung auf, relativ selten bei der personenbedingten Kündigung aufgrund von Krankheit und äußerst selten bei der verhaltensbedingten Kündigung. Die drei Varianten mit einem Beispiel:

- **Wiedereinstellungsanspruch nach einer betriebsbedingten Kündigung:** Der Arbeitgeber musste 55 Beschäftigten im Reinigungsbereich kündigen, da zum 1.1.2026 der Putzauftrag der Stadtverwaltung wegfällt. Die neue Reinigungsfirma der Stadtverwaltung erweist sich jedoch als unzuverlässig und ihr wird zum 31.3.2026 gekündigt. Der Auftrag wird sodann kurzfristig wieder mit dem bisherigen Betrieb abgeschlossen, aber mit der Reduzierung auf 45 Beschäftigte. Der Arbeitgeber muss, da er den Auftrag wieder angenommen hat, den 45 Beschäftigten, die sich vom sozialen Schutz her gesehen »im oberen Bereich« befinden, die Weiterarbeit anbieten.

- **Wiedereinstellungsanspruch nach einer personenbedingten Kündigung aufgrund von Krankheit:** Einem Arbeitnehmer wurde aufgrund schwerer Erkrankung mit häufigen und langen Fehlzeiten gekündigt. An sich sind alle Voraussetzungen bei der personenbedingten Kündigung aufgrund von Krankheit gegeben. Wegen des schon sehr lange bestehenden Arbeitsverhältnisses ist eine Kündigungsfrist von fünf Monaten zum Monatsende maßgeblich. Nach Abweisung der Kündigungsschutzklage und dem Ablauf der Kündigungsfrist lässt der Arbeitnehmer eine neue medizinische Behandlungsmethode über sich ergehen. Das hat zur Folge, dass die bisherigen Leiden – zumindest für einige Zeit – weitgehend ausgeheilt sind und nicht mehr mit hohen Krankheitszeiten zu rechnen ist. Derartige Fälle sind zwar leider eher selten, können aber dennoch einen Wiedereinstellungsanspruch begründen.
- **Wiedereinstellungsanspruch nach einer verhaltensbedingten Kündigung:** Hier ist es schwierig, einen dafür geeigneten Beispielsfall aus der Rechtsprechung zu finden, da sie eher ziemlich selten vorkommen. Beispielsweise wurde ein Arbeitnehmer verhaltensbedingt gekündigt, weil er ständig mit einem Arbeitskollegen, mit dem er zusammengearbeitet hatte, Streit hatte und diesen wohl auch »suchte«. Jegliche betriebliche Zusammenarbeit der beiden Beschäftigten war daher unmöglich. Nach der Führung eines Kündigungsschutzprozesses, der mit Klageabweisung endete, besserte sich der persönliche Umgang der Beiden überraschend und der Arbeitskollege bestätigte dem Arbeitgeber, dass er nunmehr mit dem gekündigten Arbeitskollegen wieder problemlos zusammenarbeiten könne.

I. Sonderkündigungsschutz

81. Welche Arbeitnehmergruppen sind besonders geschützt?

Die wichtigsten Personengruppen sind:

- **Betriebs- und Personalräte, ebenso Mitglieder der Mitarbeitervertretungen** ab dem Zeitpunkt des Antretens des Amtes, vorübergehend auch für eine gewissen Zeitraum herangezogene Ersatzmitglieder im Vertretungsfall, zeitweiser Kündigungsschutz für **Wahlbewerber** (In Bezug auf das **Mitarbeitervertretungsrecht** der evangelischen und katholischen Kirchen in Deutschland ist allerdings darauf hinzuweisen, dass bei der katholischen Kirche das Recht der Mitarbeitervertretungen auf Diözesanebene geregelt ist und eine im Detail unterschiedliche Ausgestaltung haben kann. Im Bereich der evangelischen Kirchen existiert eine im wesentlichen einheitliche Regelung.)
- **Schwangere** bis zum Ablauf der Schutzfrist
- **Schwerbehinderte** ab dem Zeitpunkt des Bestehens des Arbeitsverhältnisses über sechs Monate
- Mitglieder der **Jugendausbildungsvertretung**
- **Datenschutzbeauftragte**

82. Welche Besonderheiten gelten für Schwangere?

Bei dieser Personengruppe ist die Regelung des § 17 MuSchG von Bedeutung: Sie enthält ein zeitlich befristetes absolutes Kündigungsverbot des Arbeitgebers mit Erlaubnisvorbehalt hinsichtlich der Zustimmung der zuständigen Behörde. Der Sonderkündigungsschutz des § 17 Abs. 1 S. 1

MuSchG setzt das objektive Bestehen einer Schwangerschaft voraus. Der Arbeitgeber muss fernerhin zum Zeitpunkt des Ausspruchs der Kündigung positive Kenntnis von der Schwangerschaft haben, damit der Sonderkündigungsschutz eingreifen kann. Der Kündigungsschutz ist auch dann gegeben, wenn dem Arbeitgeber die Schwangerschaft oder die Entbindung unverzüglich nach Zugang der Kündigung mitgeteilt wird. Diese nachträgliche Mitteilung der Schwangerschaft muss das Bestehen einer Schwangerschaft zum Zeitpunkt des Zugangs der Kündigung oder die Vermutung einer Schwangerschaft zum Inhalt haben. In der Praxis ist hier zumeist zu prüfen, ob die Mitteilung auch tatsächlich unverzüglich geschehen ist. Zum Begriff der unverzüglichen Nachholung bei unverschuldeter Nichtmitteilung der Schwangerschaft ist von Bedeutung, dass weder auf eine Mindestfrist noch auf eine Höchstfrist abgestellt werden kann. Eine Schwangere handelt dann nicht schuldhaft, wenn sie trotz der Kenntnis vom Bestehen einer Schwangerschaft mit einer entsprechenden Mitteilung an den Arbeitgeber abwartet, bis sie vom Arzt eine Schwangerschaftsbestätigung erhält, aus der sie den Beginn der Schwangerschaft entnehmen kann.

83. Welche Regelungen gelten für die Elternzeit?

Der besondere Kündigungsschutz während der Elternzeit ist in § 18 BEEG geregelt. Die Kündigungsmöglichkeit zum Ende der Elternzeit findet sich in § 19 BEEG. Der Arbeitgeber kann das Arbeitsverhältnis ab dem Zeitpunkt, von dem an die Elternzeit beantragt wurde, nicht wirksam kündigen, was gesetzestechnisch einem Kündigungsverbot gleichkommt. Der Sonderkündigungsschutz beginnt frühestens acht Wochen vor Beginn einer Elternzeit bis zum vollendeten dritten Lebensjahr des Kindes und alternativ frühestens 14 Wochen vor Beginn der Elternzeit zwischen dem dritten Geburtstag des Kindes und dem vollendeten achten Lebensjahr. Ausnahmsweise kann die Kündigung durch die Landesbehörde – nach demselben Verfahren wie beim MuSchG (siehe Frage 82) – gekündigt werden. Das bedeutet, dass dann ein wichtiger Grund zum Ausspruch der Kündigung vorhanden sein muss und die Landesbehörde die Zustimmung auch tatsächlich erteilt hat. Hierbei handelt es sich um ein Verwaltungsverfahren. Sollte die Zustimmung nicht erteilt werden, dann kann – genauso wie im Schwerbehindertenrecht – nicht gekündigt werden. Dieser

Kündigungsschutz gilt nach § 18 Abs. 2 BEEG entsprechend, wenn Arbeitnehmer oder Arbeitnehmerinnen während der Elternzeit bei ihrem Arbeitgeber Teilzeit arbeiten sollten oder – ohne Elternzeit in Anspruch zu nehmen – Teilzeitarbeit leisten und einen Anspruch auf Elterngeld nach § 1 BEEG während des Zeitraums des § 4 Abs. 1 S. 2, 3 und 5 BEEG haben. Zum Ende der Elternzeit kann beidseits das Arbeitsverhältnis nur mit einer Kündigungsfrist von drei Monaten gekündigt werden. Diese Regelung betrifft nur die Länge der Kündigungsfrist in derartigen Situationen, nicht aber die Frage, ob anderweitig Kündigungsschutz besteht.

84. Was bedeutet Kündigungsschutz nach dem Pflegezeitgesetz?

Der besondere Kündigungsschutz nach dem Pflegezeitgesetz ist in 5 Abs. 1 und 2 PflegeZG geregelt. Er hat eine erhebliche Ähnlichkeit mit dem Sonderkündigungsschutz im Mutterschutzgesetz (siehe Frage 82). Der besondere Kündigungsschutz besteht nach § 5 Abs. 1 S. 1 PflegeZG ab dem Zeitpunkt der Ankündigung, wobei er höchstens 12 Wochen vor dem angekündigten Beginn der Pflegezeit eintreten kann. Er gilt dann bis zur Beendigung der kurzzeitigen Arbeitsverhinderung nach § 2 oder der Freistellung nach § 3. Zu unterscheiden ist also zwischen den Fällen einer kurzzeitigen Arbeitsverhinderung und einer Freistellung. Bei der kurzzeitigen Arbeitsverhinderung haben die Beschäftigten das Recht, bis zu zehn Arbeitstage der Arbeit fernzubleiben, wenn dies erforderlich ist, um für einen pflegebedürftigen nahen Angehörigen in einer akut aufgetretenen Pflegesituation eine bedarfsgerechte Pflege zu organisieren oder eine pflegerische Versorgung sicherzustellen (§ 2 Abs. 1 PflegeZG). Pflegezeit und sonstige Freistellungen erfolgen nach § 3 PflegeZG. Hiernach kann eine vollständige oder teilweise Freistellung erfolgen, wenn ein pflegebedürftiger naher Angehöriger in der häuslichen Umgebung betreut und gepflegt wird, wobei dieser Anspruch nur bei Betrieben ab 15 Beschäftigten existiert. In diesen Zeiten ist die Kündigung des Arbeitgebers unzulässig. In besonderen Fällen kann von der obersten zuständigen Landesbehörde eine Ausnahme zugelassen werden. Dies dürfte in etwa dieselben Situationen betreffen, bei denen im Mutterschutzrecht eine Kündigung zugelassen wird. Zwar ist hier keine Beschränkung des Kündigungsrechts auf eine fristlose Kündigung geregelt, es ist aber davon auszugehen, dass besonders erhebliche Gründe für die Zulassung der Kündigung vorliegen müssen.

85. Welche Besonderheiten gelten für Betriebsratsmitglieder?

Die vom Arbeitgeber beabsichtigte außerordentliche Kündigung von Betriebsratsmitgliedern, der Jugend- und Auszubildendenvertretungen, der Bordvertretung und des Seebetriebsrats, des Wahlvorstands sowie – für bestimmte Zeit – von Wahlbewerbern bedarf gemäß § 103 Abs. 1 BetrVG der Zustimmung des Betriebsrats. Das von der Kündigung betroffene Betriebsratsmitglied darf allerdings dann nicht bei der Sitzung mit diesem Tagesordnungspunkt beteiligt sein, sondern es muss ein stellvertretendes Mitglied teilnehmen. Sollte der Betriebsrat durch mehrheitlichen Beschluss der fristlosen Kündigung zustimmen, kann der Arbeitgeber die Kündigung aussprechen. Sie kann ausschließlich als eine fristlose Kündigung ausgesprochen werden und erfordert alle Voraussetzungen des § 626 Abs. 1 und 2 BGB. Wenn der Betriebsrat die Zustimmung verweigern sollte, kann der Arbeitgeber ein Zustimmungsersetzungsverfahren nach § 103 Abs. 2 BetrVG betreiben. Dies ist ein Beschlussverfahren beim Arbeitsgericht mit folgenden Beteiligten: dem Betriebsrat, vertreten durch den Vorsitzenden, dem Arbeitgeber und dem davon betroffenen Betriebsratsmitglied. Der Kündigungsgrund muss eine schwere Pflichtverletzung aus dem Arbeitsbereich sein. Dies beurteilt sich nach dem Maßstab des § 626 Abs. 1 BGB. In der Praxis bedeutet das, dass bei einem vollständig freigestellten Betriebsratsmitglied diese Kündigungsgründe überwiegend ausscheiden werden, da ja keine Arbeitsleistungen während der Freistellung erbracht werden. Ein vollständig freigestellter Betriebsrat bleibt zwar weiterhin Arbeitnehmer, ist allerdings wegen der Betriebsratstätigkeit von allen Arbeitsleistungen freigestellt. Die Grundpflichten im Arbeitsverhältnis, etwa die Einhaltung der betrieblichen Arbeitszeit, muss er auch als freigestelltes Betriebsratsmitglied erbringen. Insofern können sich dort Pflichtwidrigkeiten ergeben. Diese werden allerdings, wenn sie nicht hartnäckig sein sollten, schwerlich das Maß des § 626 Abs. 1 BGB erreichen. Denkbar sind vielmehr schwerwiegende Pflichtverletzungen im Vertrauensbereich außerhalb der Betriebsratstätigkeit.

86. Welche Besonderheiten gelten für JAV-Mitglieder?

Für die Mitglieder der Jugend- und Auszubildendenvertretungen gelten in etwa dieselben Grundsätze wie für Betriebsratsmitglieder. Sie können nur bei Bestehen eines Grundes gekündigt werden, der eine schwere Vertrauensverletzung im Ausbildungsbereich betrifft, nicht aber, soweit dieser im Bereich der Amtsausführung der Jugend- und Auszubildendenvertretung gesehen werden kann. Während bei Betriebsratsmitgliedern häufiger Beschlussverfahren bei den Arbeitsgerichten geführt werden, sind diese im Bereich der Jugend- und Auszubildendenvertretung eher selten. Grund hierfür ist (auch) der Umstand, weil bei dieser Vertretertätigkeit mit der Vollendung des 25. Lebensjahres, der Beendigung der Ausbildungszeit oder dem Ablauf der zweijährigen Wahlzeit (§ 64 Abs. 1 bis 3 BetrVG) der Sonderkündigungsschutz entfällt und entweder andere Personen in das Amt nachrücken werden oder neu gewählt wird. Weil bei der Jugend- und Auszubildendenvertretung der Tätigkeitsbereich wesentlich eingeschränkter ist als bei den Aufgaben des Betriebsrats (§ 70 BetrVG), kommt hier zumeist deutlich weniger Konfliktstoff mit dem Arbeitgeber auf. Zu berücksichtigen ist in diesem Bereich auch, dass von einer Jugend- und Auszubildendenvertretung aufgrund des geringen Alters nicht die gleichen Anforderungen gestellt werden können, die im Allgemeinen von einem Betriebsratsmitglied zu erwarten sind. Betriebsratsmitglieder haben zu Beginn ihrer Amtszeit eine Schulungsanspruch im Betriebsverfassungsrecht und Arbeitsrecht. Diesen setzen sie in der Regel auch zeitnah um, um die erforderlichen Kenntnisse für das Betriebsratsamt zu haben.

Praxisbeispiel:
Ein Grenzfall kann in der Praxis gesehen werden, wenn etwa eine Jugend- und Auszubildendenvertretung wegen der von ihr angenommenen **Missstände bei den Auszubildenden** zu einer kurzen Streikmaßnahme aufruft – in Unkenntnis über den Umstand, dass in dieser Zeit die tarifrechtliche Friedenspflicht geherrscht hat. Zumindest kann hier der Vertretung zumeist vorgehalten werden, sie hätte sich vorher bei einer kompetenten Person oder dem Betriebsrat über die Zulässigkeit der vorgenommenen Maßnahme informieren sollen.

87. Welche Besonderheiten gelten für Datenschutzbeauftragte?

In öffentlichen Stellen wird der Datenschutzbeauftragte durch Benennung bestimmt. Das Benennungsverfahren und dessen Ausgestaltung hat mit dem Bereich des Ausspruchs einer Kündigung nichts zu tun. Grundlage der Benennung ist dessen berufliche Qualifikation und sein Fachwissen. Hieraus folgt, dass der betreffende Arbeitnehmer die Materien des Datenschutzrechts kennen muss, um die Aufgabe sachgerecht erledigen zu können. Das ergibt sich aus § 5 Abs. 1 und 3 BDSG. Eine Abberufung ist nur möglich, wenn die Voraussetzungen des § 626 Abs. 1 und 2 BGB vorliegen, also ein fristloser Grund für die Beendigung des Arbeitsverhältnisses und dieses Amts gegeben sind (§ 6 Abs. 4 S. 1 BDSG). Die Kündigung des Arbeitsverhältnisses ist also nur dann zulässig, wenn Tatsachen vorliegen sollten, welche die öffentliche Stelle zur **Kündigung aus wichtigem Grund** ohne die Einhaltung einer Kündigungsfrist berechtigen sollte. Das bedeutet: von der Schwere der Pflichtverletzung her gesehen muss ein außerordentlicher Grund gegeben sein. Eine ordentliche Kündigung kann während der Dauer der Benennung als Datenschutzbeauftragter nicht ausgesprochen werden. Sollte die Tätigkeit als Datenschutzbeauftragter beendet werden, dann besteht ein nachwirkender Kündigungsschutz (wie bei Betriebs- und Personalräten) gegen ordentliche Kündigungen mit der Dauer von einem Jahr. In dieser Zeit kann ebenfalls nur eine außerordentliche Kündigung ausgesprochen werden. Diese Regelungen gelten nach § 38 BDSG weitgehend auch für Datenschutzbeauftragte in nichtöffentlichen Stellen, also in der **Privatwirtschaft** (§ 38 Abs. 1 und 2 BDSG). Weil § 6 Abs. 4 BDSG uneingeschränkt auch bei Privatbetrieben gilt, ist beim Kündigungsschutz des Datenschutzbeauftragten kein Unterschied zur Rechtslage im öffentlichen Bereich gegeben. Die einzige Ausnahme besteht dahingehend, dass in privaten Wirtschaftsbetrieben die Benennung eines Datenschutzbeauftragten verpflichtend sein sollte. Im Einzelfall ist daher zu klären, ob der Betrieb auf freiwilliger Basis einen Datenschutzbeauftragten bestellt hat oder dies verpflichtend vorgenommen werden musste. Nach der Regelung des § 38 Abs. 1 BDSG sind die privaten Arbeitgeber dann zur Benennung eines betrieblichen Datenschutzbeauftragten verpflichtet, wenn in der Regel mindestens 20 beschäftigte Personen mit der automatisierten Verarbeitung personenbezogener Daten tätig sind. Für diesen Schwellenwert ist die regelmäßige Beschäftigtenzahl maßgeblich. Kurze und vorübergehende Schwankungen nach oben oder unten bleiben unberücksichtigt. Da von »Personen« die Rede ist, können dies (teilweise) auch freie Mitarbeiter oder andere mit dieser Aufgabe Betraute sein. Unabhängig von der Zahl der mit diesen Aufgaben betrauten Mitarbeiter ist ein Datenschutzbeauftragter immer zu bestellen, wenn entweder der Betrieb zu einer **Datenschutzfolgenabschätzung** verpflichtet sein sollte oder geschäftsmäßig personenbezogene Daten zum Zweck der Übermittlung oder für die **Markt**- und **Meinungsforschung** übermittelt werden (§ 38 Abs. 1 S. 3 BDSG).

88. Wie ist die Rechtslage bei Schwerbehinderten?

Sonderkündigungsschutz besteht immer dann, wenn der Arbeitnehmer mit einem Gesamtgrad der Behinderung von 50 als schwerbehinderter Mensch anzusehen ist oder wenn er mit einem Gesamtgrad der Behinderung von 30 oder 40 durch einen Bescheid der Agentur für Arbeit gleichgestellt ist. Voraussetzung für den Sonderkündigungsschutz ist daher stets, dass vor dem Zugang der Kündigung entweder ein Bescheid über die Schwerbehinderteneigenschaft ergangen ist oder der schwerbehinderte Arbeitnehmer einen entsprechenden Anerkennungsantrag beim Versorgungsamt gestellt hat. Fernerhin kann der Kündigungsschutz bereits vor der Antragstellung des Schwerbehinderten eingreifen, wenn der Arbeitnehmer den Arbeitgeber vor dem Ausspruch der Kündigung über seine körperlichen Beeinträchtigungen hinreichend und nachvollziehbar informiert, sowie über die beabsichtigte Antragstellung in Kenntnis gesetzt hat. Ausnahmen von diesem Grundsatz gelten nur in den seltenen Fällen einer offensichtlichen Schwerbehinderteneigenschaft. Diese kann lediglich dann angenommen werden, wenn über das Vorliegen einer Schwerbehinderteneigenschaft in objektiver Hinsicht realistischerweise kein Streit bestehen kann, z. B. ein Arbeitnehmer mit fehlenden oder bewegungstechnisch eingeschränkten Gliedmaßen.

89. Wann ist eine Zustimmung des Integrations-/ Inklusionsamts erforderlich?

Bei jeder Kündigung eines Schwerbehinderten ist eine vorherige Zustimmung des Integrations-/Inklusionsamts erforderlich. § 173 SGB IX beinhaltet die Ausnahmen von diesem Sonderkündigungsschutz. Gemäß § 173 Abs. 1 Nr. 1 SGB IX ist keine Zustimmung erforderlich, wenn das Arbeitsverhältnis des Schwerbehinderten noch keine sechs Monate Bestand hatte. Bei dieser Frage kommt es immer auf den konkreten rechtlichen Bestand des Arbeitsverhältnisses an. Hinsichtlich der erforderlichen Bestandsdauer des Arbeitsverhältnisses eines Schwerbehinderten gilt also dieselbe Regelung einer Wartezeit wie beim KSchG hinsichtlich des persönlichen Anwendungsbereiches. Aus diesem Zusammenhang folgt auch, dass nach überwiegender Ansicht der Arbeitgeber (zumindest) bei der Einstellung grundsätzlich kein Recht zur Frage nach der Schwerbehinderteneigenschaft hat. Eine Ausnahme gilt nur dann, wenn dies von erheblichem betrieblichem Interesse ist. Ein solches liegt regelmäßig nach sechsmonatigem Bestand des Arbeitsverhältnisses vor und hat folgende Gründe:

- der Sonderkündigungsschutz des Schwerbehinderten nach des SGB IX tritt ein,
- sofern die erforderliche Betriebsgröße gegeben ist, kann der Arbeitgeber nur nach der Maßgabe des KSchG das Arbeitsverhältnis wirksam kündigen, was bedeutet, dass er einen der drei Gründe des KSchG zur Begründung der Kündigung in einem Rechtsstreit benötigt,
- wenn der Arbeitgeber eine betriebsbedingte Kündigung in Erwägung zieht, muss er wissen, ob sich innerhalb des vergleichbaren Personenkreis ein oder mehrere schwerbehinderte Arbeitnehmer befinden; wenn ja, dann kommt es bei den Sozialdaten und deren Wertung nicht nur auf die Betriebszugehörigkeit, das Lebensalter und die Unterhaltspflichten an, sondern auch auf die Schwerbehinderteneigenschaft (§ 1 Abs. 3 S. 2 KSchG).

90. Existiert ein Sonderkündigungsschutz für Auszubildende?

Im Berufsbildungsrecht sind für die Kündigung die Bestimmungen der §§ 20f. BBiG maßgeblich. Das Ausbildungsverhältnis beginnt mit einer Probezeit, welche mindestens einen und höchstens vier Monate beträgt. Längere Probezeitvereinbarungen sind unwirksam. Das Berufsausbildungsverhältnis endet gemäß § 21 Abs. 1 BBiG mit dem Zeitpunkt der Ausbildungsdauer. Mit der Bekanntgabe des Prüfungsergebnisses endet bei bestandenen Prüfungen die Zeit der Berufsausbildung. Nach § 22 Abs. 1 BBiG kann von beiden Seiten während der Probezeit das Berufsausbildungsverhältnis ohne Einhaltung einer Kündigungsfrist gekündigt werden. Nach Ablauf der Probezeit ist eine arbeitgeberseitige Kündigung nur noch fristlos möglich. Bei einer fristlosen Kündigung ist zudem immer der Kündigungsgrund anzugeben (§ 22 Abs. 3 BBiG). Grundsätzlich ist das Berufsausbildungsverhältnis für beide Seiten nach der Probezeit nur aus wichtigem Grund kündbar, wobei dieser Begriff in etwa demjenigen des § 626 Abs. 1 BGB entspricht. § 22 Abs. 4 BBiG enthält dieselbe Regelung wie § 626 Abs. 2 BGB – der fristlose Kündigungsgrund darf maximal 14 Tage – was dessen Kenntnis beim Ausbilder betrifft – zurückliegen. Der Auszubildende kann das Berufsausbildungsverhältnis mit einer Frist von vier Wochen kündigen, wenn er die Berufsausbildung aufgeben oder sich für eine andere Berufstätigkeit ausbilden lassen will (§ 22 Abs. 2 Nr. 2 BBiG). Sowohl innerhalb der Probezeit als auch außerhalb muss die Kündigung zwingend in schriftlicher Form erfolgen.

J. Alternativen zur Kündigung

91. Was ist ein »Aufhebungsvertrag«?

Ein Aufhebungsvertrag ist die einvernehmliche Beendigung des Arbeitsverhältnisses. Er kann bei einem in Vollzug gesetzten Arbeitsverhältnis immer mit Wirkung für die Zukunft abgeschlossen werden. Allerdings ist anzuraten, beim Aufhebungsvertrag die fiktive Kündigungsfrist einzuhalten, sonst kann sich die Problematik einer Sperrzeit seitens der Agentur für Arbeit stellen, wenn nicht unverzüglich ein Anschlussarbeitsverhältnis vom Arbeitnehmer gefunden werden sollte. Von der konkreten Formulierung des Aufhebungsvertrags ist abhängig, ob bei anschließender Arbeitslosigkeit des Arbeitnehmers von der Agentur für Arbeit eine Sperrzeit verhängt werden kann. Diese tritt ein, wenn der Arbeitslose ohne wichtigen Grund das Arbeitsverhältnis gelöst hat. Nur dann, wenn der Aufhebungsvertrag das Arbeitsverhältnis zu einem Zeitpunkt beendet, zu dem es durch eine **ordentliche Kündigung**, welche nicht wegen eines arbeitsvertragswidrigen Verhaltens des Arbeitnehmers ausgesprochen wurde, endet, gibt es keinen Sperrzeittatbestand. Das liegt daran, dass dann der Abschluss des Aufhebungsvertrags nicht kausal für den Eintritt der Arbeitslosigkeit war.

92. Worin liegt der Unterschied zum Abwicklungsvertrag?

Der wesentliche Unterschied zwischen einem Aufhebungsvertrag und dem Abwicklungsvertag besteht darin, dass der Aufhebungsvertrag den Beendigungstatbestand des Arbeitsverhältnisses darstellt und der Abwicklungsvertrag einen bereits existenten Beendigungstatbestand, zumeist eine

Kündigung, bestätigt. Dies ist auch der Grund dafür, dass die meisten Beendigungsvereinbarungen, welche beim Arbeitsgericht abgeschlossen werden, Abwicklungsverträge darstellen. Ein Rechtsstreit beginnt meist damit, dass der Arbeitnehmer gegen einen Beendigungstatbestand (Kündigung, Befristungsablauf oder Sonstiges) vorgeht und hiergegen Klage erhoben hat. Im Rahmen einer Einigung werden dann meistens die Beendigung und die Modalitäten der Auflösung des Arbeitsverhältnisses geregelt. Abwicklungsverträge bestätigen somit einen (vormals) streitigen Beendigungstatbestand. Der Aufhebungsvertrag hingegen stellt einen eigenständigen Rechtsgrund der Beendigung des Arbeitsverhältnisses dar. Alle weiteren Regelungen des Vertrags sind dann zumeist identisch.

93. Welche Formvorschriften gelten für einen wirksamen Aufhebungsvertrag?

Der Aufhebungsvertrag ist nur dann formell wirksam, wenn er in schriftlicher Form abgeschlossen wurde. Diese zwingende Schriftformklausel ist in § 623 BGB geregelt. Fehlen auf dem Aufhebungsvertrag die Unterschriften oder ist nur eine davon vorhanden, dann ist er nicht wirksam zustande gekommen. Aus Beweisgründen hält hier der Gesetzgeber an der zwingenden Schriftformklausel fest. Würde man lediglich die Textform annehmen, dann könnten durchaus Probleme auftreten, ob in der geschlossenen Form tatsächlich der Aufhebungsvertrag zustande gekommen ist. Der zwingenden Schriftform unterliegen beispielsweise auch die Vereinbarung einer Befristung und der Ausspruch einer Kündigung des Arbeitsverhältnisses.

94. Wer ist zur Unterzeichnung eines Aufhebungsvertrag berechtigt?

Der Aufhebungsvertrag muss von beiden Seiten unterzeichnet werden (siehe Frage 93). Während beim Arbeitnehmer regelmäßig selbst die Unterschrift erfolgt (oder von einem von ihm beauftragten Rechtsanwalt oder Gewerkschaftssekretär, ausgewiesen durch die Vollmacht), ist für die Unterzeichnung eines Aufhebungsvertrags auf Seiten des Arbeitgebers grundsätzlich diejenige Stelle zuständig, welche auch die Arbeitsverträge unterzeichnet. Ob dies die Geschäftsführung selbst ist, die Personalleitung oder auch die von dieser beauftragte Person, liegt im Verantwortungsbereich des Arbeitgebers und kann von ihm so festgelegt werden.

95. Welche Sperrzeiten gibt es beim Arbeitslosengeld?

Hier ist im Wesentlichen zwischen folgenden Punkten zu unterscheiden:

- **Ruhen wegen Arbeitsaufgabe (§ 159 Abs. 1 S. 2 Nr. 1 SGB III)**
  Der Anspruch auf Zahlung des Arbeitslosengeldes kann wegen einer Sperrzeit ruhen, wenn die Arbeitslosigkeit durch Arbeitsaufgabe eingetreten ist, beispielsweise bei einem Auflösungsvertrag. Nach § 159 Abs. 1 S. 2 Nr. 1 SGB III kann die Sperrzeit eintreten, wenn folgende Voraussetzungen kumulativ erfüllt sind:
  - Der Arbeitnehmer muss das Beschäftigungsverhältnis gelöst oder durch arbeitsvertragswidriges Verhalten Anlass für die Lösung des Beschäftigungsverhältnisses durch den Arbeitgeber gegeben und dadurch die Arbeitslosigkeit herbeigeführt haben (Kausalität). Dabei muss er vorsätzlich oder mindestens grob fahrlässig gehandelt haben (Verschulden), ohne einen wichtigen Grund hierfür gehabt zu haben (Rechtfertigung). Ein Aufhebungsvertrag ist unzweifelhaft eine Beendigungsvereinbarung. Dieser beendet das Arbeitsverhältnis und der Arbeitnehmer wirkt aktiv daran mit, denn er hat den Vertrag unterzeichnet, also das Beschäftigungsverhältnis im Sinne des § 159 Abs. 1 S. 2 Nr. 1 Alt. 1 SGB III gelöst. Ein Aufhebungsvertrag ist daher grundsätzlich kausal für den Eintritt der Arbeitslosigkeit, wenn der Arbeitnehmer nicht sofort nach dem Ablauf des bisherigen Beschäftigungsverhältnisses ein Neues antreten kann.
  - Es muss ein **wichtiger Grund** für die Lösung des Beschäftigungsverhältnisses des Arbeitnehmers vorliegen. Dies erfordert im Einzelfall eine Interessensabwägung. Dieser wichtige Grund liegt (nur dann) vor, wenn nach der Rechtsprechung der Sozialgerichte dem Arbeitnehmer unter Berücksichtigung aller Umstände des Einzelfalles und unter Abwägung seiner Interessen mit denjenigen der Versichertengemeinschaft ein anderes Verhalten nicht hätte zugemutet werden können. Als wichtiger Grund, der dem Eintreten der Sperrzeit ent-

gegenstehen kann, kann etwa die Berufswahlfreiheit und der Wunsch nach beruflicher Weiterentwicklung in Betracht kommen.

- **Aufhebungsvertrag bei drohender betriebsbedingter Kündigung**
  Ein anzuerkennender wichtiger Grund für den Abschluss des Aufhebungsvertrags kann etwa darin liegen, dass dem Arbeitnehmer mitgeteilt wurde, aufgrund der Geschäftsentwicklung stünde eine betriebsbedingte Kündigung bevor. Wenn sich die angebotene Abfindung im Rahmen des § 1a KSchG (maximal 1/2 Monatsverdienst pro Beschäftigungsjahr) bewegt, wird nach der Rechtsprechung des Bundessozialgerichts unproblematisch ein wichtiger Grund für den Abschluss des Aufhebungsvertrags vorliegen, solange der Beendigungszeitpunkt (und damit der Eintritt der Arbeitslosigkeit) nicht vorverlagert wird. Davon ist dringend abzuraten, es sein denn, ein Anschlussarbeitsverhältnis ist bereits vorhanden. Eine Vorverlagerung des Endes des Arbeitsverhältnisses muss hier also nachhaltig hinsichtlich der Vor- und Nachteile abgewogen werden. Die Rechtmäßigkeit der drohenden betriebsbedingten Kündigung ist beim Vorliegen einer solchen Abfindungshöhe generell nicht mehr zu prüfen, da auch keine Anhaltspunkte für eine Gesetzesumgehung zu Lasten der Versichertengemeinschaft vorliegen.
- **Ruhen des ALG – Ruhen wegen einer Entlassungsentschädigung – Leistung einer zusätzlichen »Bonuszahlung«**
  Nach § 158 Abs. 1 SGB III ist Voraussetzung für das Eingreifen des Ruhens, dass ein Arbeitsverhältnis vorzeitiger beendet wurde, als dies bei Einhaltung der für den Arbeitgeber geltenden ordentlichen Kündigungsfrist möglich gewesen wäre und der Arbeitslose deswegen eine Abfindung, Entschädigung oder ähnliche Leistung (Entlassungsentschädigung) erhält. Von der Vereinbarung von »Bonuszahlungen« zusätzlich zu einer Abfindung, welche der Regelabfindung entspricht, ist regelmäßig abzuraten. Diese weitere Zahlung könnte nämlich einen Anknüpfungspunkt für das Ruhen des Arbeitslosengelds bilden. Wenn das Arbeitsverhältnis aufgrund des Aufhebungsvertrags unter Beachtung der gesetzlichen Kündigungsfrist nach § 622 Abs. 2 BGB endet, dann ist die **ordentliche Kündigungsfrist** eingehalten und durch den Aufhebungsvertrag wird keine vorzeitigere Beendigung gemäß § 158 SGB III und folglich kein (zeitweiliges) Ruhen des ALG I herbeigeführt.

96. Kann der Betriebs-/Personalrat Aufhebungsverträge verhindern?

Hier lässt sich die Antwort klar und eindeutig formulieren: **nein**. Der Arbeitnehmervertretung steht kein wie auch immer geartetes Mitwirkungs- oder Mitbestimmungsrecht beim Abschluss eines Aufhebungsvertrags zu – auch nicht bei einem Abwicklungsvertrag. Der Betriebs- oder Personalrat kann allenfalls vom betroffenen Arbeitnehmer befragt werden, was er vom beabsichtigten Vertrag hält. Dann kann er selbstverständlich Unklarheiten oder offensichtliche Unstimmigkeiten beim Vertrag benennen und zu den wirtschaftlichen Konditionen seinen (subjektiven) Standpunkt ausführen. Ob die Vereinbarung dann so abgeschlossen wird oder nicht, das ist ausschließlich dem davon betroffenen Arbeitnehmer überlassen. Insbesondere bei sog. »**Freiwilligenprogrammen**« beim Abbau von Arbeitskräften, sollte der Betriebsrat die nötige Zurückhaltung bei der Besprechung mit dem Arbeitnehmer einhalten und jeden Beschäftigten im Ergebnis selbst entscheiden lassen, ob er von der Möglichkeit Gebrauch macht oder nicht. Sofern der Betriebsrat hier zu stark die Arbeitgebervorteile vertritt, könnte der Beschäftigte später behaupten, der Betriebsrat hätte hier zu sehr die Arbeitgeberinteressen wahrgenommen. Sofern der Betriebsrat eher vom Freiwilligenprogramm abraten sollte, kann der Fall eintreten, dass eine betriebsbedingte Kündigung wegen Wegfalls des Arbeitsplatzes erfolgt, bei welcher entweder gar keine oder eine deutlich niedrigere Abfindung als im Freiwilligenprogramm angeboten wird. Bei diesen wirtschaftlichen Fragen soll jeder Arbeitnehmer seine eigene Entscheidung treffen.

Praxistipp:
Rechtsanwälte und Gewerkschaftsvertreter sollten sich bei derartigen Konstellationen zurückhaltend mit allzu deutlichen Empfehlungen oder dem Zu- bzw. Abraten verhalten. Die Entscheidung liegt ausschließlich beim Arbeitnehmer.

97. Welche Rolle spielt die »Abfindung«?

Abfindungszahlungen sind immer dann relevant, wenn der Arbeitgeber eine Kündigung durchsetzen will, ihm aber kein oder zumindest kein »sicherer« Kündigungsgrund zur Verfügung steht. Aus Sicht des Arbeitnehmers kommt es hier maßgeblich darauf an, ob er das Arbeitsverhältnis ebenfalls beenden möchte oder die Fortsetzung begehrt. Bei dem Wunsch auf Fortsetzung des Arbeitsverhältnisses wird dann zumeist eine streitige Entscheidung über die Wirksamkeit der Kündigung beim Arbeitsgericht herbeigeführt.

Der Arbeitnehmer sollte allerdings diesen Weg nur dann beschreiten, wenn er der begründeten Meinung ist, dass dann das Arbeitsverhältnis störungsfrei weitergeführt werden kann. Zumeist treten derartige Situationen im Bereich der **betriebsbedingten Kündigung** auf, bei der es um den Wegfall des Arbeitsplatzes und die Richtigkeit der Sozialauswahl geht. In der Praxis bleibt das Arbeitsverhältnis bei einer Fortführung selten unbelastet. Das passiert häufig auch dann, wenn der Kündigungsgrund fehlerhaft war und die Kündigung unwirksam. Schlägt hier der Arbeitnehmer ein großzügiges Angebot des Arbeitgebers aus und stellt sich dann später heraus, dass die Weiterarbeit doch nicht so unbelastet ist, kann die Situation eintreten, dass der Arbeitnehmer letztendlich doch lieber die Abfindung annehmen würde. In diesen Situationen werden mitunter bereits einige Monate später Eigenkündigungen des Beschäftigten ausgesprochen, weil das Betriebsklima am Arbeitsplatz nicht mehr »passte«. Eine Abfindungszahlung bleibt bei der Eigenkündigung aus. Daher sollte das Angebot des Arbeitgebers auf Beendigung mit einer Abfindungszahlung in allen Situationen genau und intensiv hinsichtlich der Vor- und Nachteile überlegt werden. Bei »offener Rechtslage« hinsichtlich der Wirksamkeit oder Unwirksamkeit einer Kündigung wird bei außergerichtlichen und gerichtlichen **Vergleichsverhandlungen** meist ein Abfindungsbetrag in der Größenordnung von 40 bis 60 % der »Regelabfindung« (etwa ½ Bruttogehalt pro Beschäftigungsjahr) angeboten. In diesem Fall kommt auf den Arbeitnehmer der schwierige Part zu, zu entscheiden, ob dies bei der gegebenen Sach- und Rechtslage der Kündigungsschutzklage ein angemessener Betrag sein wird. Diese Frage ist naturgemäß im Gütetermin am Arbeitsgericht viel schwieriger einzuschätzen als im Kammertermin, in dem dann auch eine Entscheidung des Gerichts ergehen kann. Im Zeitpunkt des Gütetermins ist zum Sach- und Streitstand noch nicht allzu viel vorgetragen. Daher gehen mitunter Rechtsanwälte in Kündigungsschutzklageverfahren nach der Devise vor »kein Vergleich im Gütetermin«. Das kann jedoch problematisch sein, wenn sich innerhalb einiger Monate die wirtschaftliche Situation des Arbeitgebers erheblich verschlechtern sollte und neue betriebsbedingte

Kündigungsgründe entstehen. Ein Taktieren auf Zeit kann die Interessen des Arbeitnehmers wahren, muss es aber nicht. Wenn sich etwa bei einer verhaltensbedingten Kündigung die ordentlichen Kündigungsgründe bis zum Kammertermin oder in diesem bei einer Beweisaufnahme deutlich erweisen sollten, dann wird der Arbeitgeber in eine Abfindungszahlung eher nicht mehr einwilligen, sondern den Rechtsstreit entscheiden lassen. Wenn ein Arbeitnehmer ohne Rechtsschutz dann auch die zweite Instanz beschreitet, um zumindest eine »minimale« Abfindung zu erhalten, können die Kosten des Rechtsstreits den »Erfolg« nahezu »auffressen«. Das »Worst-Case-Szenario« aus Sicht des Beschäftigten wäre dann die Bestätigung des klageabweisenden Urteils durch das LAG. Daher sollte die Frage, ob mit einer vergleichsweisen Lösung Einverständnis besteht, gut und gründlich überlegt und mit der juristischen Vertretung intensiv besprochen werden.

98. Wann ist ein Aufhebungsvertrag sinnvoll?

Ein Aufhebungsvertrag, der die Beendigung des Arbeitsverhältnisses darstellt, ist immer dann eine sinnvolle Lösung, wenn sowohl Arbeitgeber als auch der Arbeitnehmer sich über die Modalitäten der Beendigung des Arbeitsverhältnisses einigen können. Sicherlich ist dies im Bereich der **betrieblichen Gründe** für die Lösung des Arbeitsverhältnisses naheliegender als bei personen-/krankheitsbedingten Gründen, weil hier möglicherweise das im Vorfeld (noch) nicht durchgeführte betriebliche Eingliederungsmanagement fehlt. Das gilt insbesondere bei verhaltensbedingten Gründen, bei denen es für eine Kündigung auf die vorherige Abmahnung und Schwere des Fehlverhaltens ankommt. Sinnvoll erscheint es bei jeder anstehenden Kündigung, sich darüber Gedanken zu machen, ob ohne Kündigung eine einvernehmliche Lösung im Rahmen eines Aufhebungsvertrags gefunden werden kann.

99. Welche Alternativen zur Kündigung gibt es?

Aus der Sicht des Arbeitnehmers ist bei einer geplanten Eigenkündigung alternativ der Abschluss eines **Aufhebungsvertrags** möglich. In Bezug auf eventuelle Leistungen der Agentur für Arbeit ist allerdings zu beachten, dass sowohl eine Eigenkündigung wie auch der Abschluss eines Aufhebungsvertrags ein Mitwirken an der Auflösung des Arbeitsverhältnisses darstellen und demzufolge eine Sperrzeit beim Arbeitslosengeld auslösen wird. Um dies zu vermeiden, sollte insbesondere dann, wenn durch den Arbeitgeber ohnehin eine Kündigung droht, der entsprechende Grund mit in den Aufhebungsvertrag aufgenommen werden. Derartiges sollte nur dann unternommen werden, wenn eine Folgebeschäftigung als sicher anzunehmen ist. Auch bei einem Aufhebungsvertrag aus gesundheitlichen Gründen wird die Agentur für Arbeit prüfen, was die Gründe für die Aufhebung des Arbeitsverhältnisses waren. Lediglich dann, wenn im Falle der **Vermeidung einer arbeitgeberseitigen Kündigung** vom diesem erklärt wird, dass man auch bereit wäre, einen Aufhebungsvertrag mit Abfindung (maximal in Höhe der »Regelabfindung«) anzubieten, kann dieses Vorgehen dem Arbeitnehmer empfohlen werden. Es muss sich dann aus dem Vertrag eindeutig ergeben, dass ausschließlich personen-/krankheitsbedingte Gründe oder betriebliche Ursachen für die Auflösung des Arbeitsverhältnisses maßgeblich waren. Der Aufhebungsvertrag hat auch den Vorteil, dass alle weiteren Regelungen, etwa die Festlegung des abzugeltenden oder einzubringenden Urlaubs, die Klärung weiterer finanzieller Ansprüche oder die Erteilung eines qualifizierten Arbeitszeugnisses in der Vereinbarung verbindlich geregelt werden können. Sollte eine Beendigung des Arbeitsverhältnisses von »finanziellen Problemen« des Arbeitgebers überlagert sein, kann eine rasche vertragliche Lösung für die Durchsetzung der noch offenen Ansprüche sachgerecht erscheinen lassen. Dabei ist der Aufhebungs- und Abfindungsvertrag in Bezug auf die finanziellen Regelungen für sich genommen noch kein vollstreckbarer Titel, wie etwa ein **Urteil** oder auch ein **gerichtlicher Vergleich**.

> **Praxistipp:**
> Wenn ein Arbeitnehmer einen offenen Posten gegen den Arbeitgeber beim ArbG einklagt, können in einem Gütetermin per Vergleich sämtliche Restansprüche aufgenommen werden. Das hat den Vorteil, dass der gerichtliche Vergleich einen **Vollstreckungstitel** darstellt, aus dem der Arbeitnehmer anschließend vollstrecken lassen kann.

100. Was ist eine »Änderungskündigung«?

Eine Änderungskündigung ist gemäß § 2 KSchG ein aus zwei Willenserklärungen zusammengesetztes Rechtsgeschäft. Zum einen ist sie eine Kündigungserklärung zur Beendigung des Arbeitsverhältnisses und als zweiter Bestandteil kommt das Angebot zu seiner Fortsetzung unter geänderten Bedingungen hinzu. Auch wenn die Änderungskündigung im Ergebnis auf eine Änderung der Vertragsbedingungen hinausläuft, handelt es sich bei ihr um eine »echte« Kündigung. Sie unterliegt daher allen formalen Anforderungen, die an die Wirksamkeit einer Kündigung zu stellen sind (siehe Frage 1 ff.). Diese Formalitäten muss der Arbeitgeber vor Zugang der Kündigungserklärung und unabhängig von einer Ablehnung oder der Vorbehaltsannahme beachten. Die Änderungskündigung wird vom ArbG, wenn hiergegen Klage erhoben werden sollte, in zwei Stufen geprüft. Auf der ersten Stufe ist zu überlegen, ob die Kündigung im Sinne von § 1 Abs. 2 KSchG gerechtfertigt ist, ob also Gründe in der Person oder im Verhalten des Arbeitnehmers oder Gründe betrieblicher Art vorhanden sind. Auf der zweiten Stufe wird überprüft, ob die Änderung der Arbeitsbedingungen vom betroffenen Arbeitnehmer billigerweise hingenommen werden muss.

Stichwortverzeichnis

Kompetenz verbindet

Thorsten Blaufelder

Betriebsbedingte Kündigung

Gesetzliche Regelungen / Sozialauswahl / Mitbestimmung für Betriebs- und Personalräte
2026. Ca. 125 Seiten, kartoniert
ca. € 24,–
ISBN 978-3-7663-7521-6

In schwieriger Wirtschaftslage werden in der Regel Stellen abgebaut, oft durch Ausspruch betriebsbedingter Kündigungen. Allerdings gibt es dabei Stolpersteine für die Arbeitgeberseite: Nicht selten ist die ausgesprochene, betriebsbedingte Kündigung unwirksam. Der Arbeitnehmerseite verschafft das eine gute Basis für Verhandlungen über den Fortbestand über den Fortbestand des Arbeitsverhältnisses. Oder zur Beendigung mit einer Abfindung. Welche Voraussetzungen sind bei einer betriebsbedingten Kündigung zu beachten? Was ist eine unternehmerische Entscheidung? Was versteht man unter einer Massenentlassungsanzeige? Der kompakte Leitfaden beantwortet in »Frage und Antwort« alles, was Interessenvertretungen, Arbeitnehmerinnen und Arbeitnehmer, Gewerkschaften und Personalverantwortliche wissen müssen. Zu jeder Frage die richtige Antwort - ideal für alle, die zum Thema betriebsbedingte Kündigung konkrete Auskunft wollen.

Vorteile auf einen Blick:
- Klare Antworten auf die Fragen zu betriebsbedingten Kündigungen
- Knapp und verständlich
- Schneller Zugang zum gefragten Wissen

Bund-Verlag